Irina Wolf

Das rumänische Theater im 21. Jahrhundert

Kunst-, Musik- und Theaterwissenschaft, Band 19

Irina Wolf

Das rumänische Theater im 21. Jahrhundert

Freie Szene und neue Wege

Mit Beiträgen von
Oltiţa Cîntec, Oana Cristea Grigorescu und Daniela Şilindean

sowie einem Vorwort von
Michaela Preiner

Frank & Timme
Verlag für wissenschaftliche Literatur

Umschlagabbildung: *Die Rückkehr nach Hause* von Matei Vișniec, Stadttheater „Matei Vișniec", Regie: Botond Nagy, Suceava, 2022, © Ami Vitega

ISBN 978-3-7329-0909-4
ISBN E-Book 978-3-7329-9040-5
ISSN 1862-6114

Herstellung durch Frank & Timme GmbH,
Wittelsbacherstraße 27a, 10707 Berlin.
Printed in Germany.
Gedruckt auf säurefreiem, alterungsbeständigem Papier.

www.frank-timme.de

Inhaltsverzeichnis

Neue Initiativen

Anhang

Michaela Preiner

Vorwort: Persönliche Gedanken zur Entwicklung des rumänischen Theaters von 2010 bis 2022

Ursprünglich zögerte ich, in diesem ambitionierten Rahmen ein Statement über die Entwicklung des rumänischen Theaters abzugeben. Es erschien mir vermessen, meine kleinen und ausschnitthaften Einblicke in das rumänische Theatergeschehen als Grundlage für ein Vorwort heranzuziehen. Dennoch hat mich die Herausgeberin dieses Bandes, Irina Wolf, dazu ermutigt. Nun hoffe ich, dass gerade mein „Blick von außen" den einen oder anderen innovativen Gedanken zu diesem spannenden Thema beisteuern kann.

Die Entwicklung des kulturellen Lebens in ehemals totalitären Staaten, wie es Rumänien während der Ceaușescu-Ära war, musste sich zwangsläufig auf andere Art gestalten als in freien Demokratien. Litt man in Rumänien unter der Zensur – und damit verbunden auch einer Art Konformitätszwang – musste sich die Theater-Elite des Westens währenddessen darauf konzentrieren, neue Theaterformate und vor allem auch Vermittlungswege zu finden, um ihre Häuser gewinnbringend füllen zu können. Der politische Hintergrund mag wohl der allerwichtigste Faktor gewesen sein, der die Theaterproduktionen des Westens von jenen des Ostens über viele Jahrzehnte hinweg unterschied. Der Sturz des kommunistischen Regimes in Rumänien und der Beitritt zur EU waren Meilensteine für die Entwicklung der rumänischen Gesellschaft und zugleich auch für die Entwicklung der Bühnen des Landes.

Anlässlich einer Theatervorstellung am „Deutschen Staatstheater" in Temeswar im Herbst 2018 wurde mir schlagartig bewusst, dass sich der gesellschaftlich-kommunikative Prozess in Rumänien von jenem in den westlichen Ländern zumindest damals noch stark unterschied. Ich war zu einer Aufführung der postdramatischen Produktion *Rumänisches Tagebuch – Temeswar* von Carmen Lidia Vidu eingeladen worden. Was ich dabei erlebte, war für mich atemberaubend. Es war nicht die hervorragende Qualität des Abends mit einem rein weiblichen Ensemble, auch nicht die Art und Weise, mit der die Regisseurin packende Themen aus der jüngsten Geschichte ihres Landes verarbeitete. Das Stück fand seinen beklemmenden Höhepunkt mit Schilderungen der Schauspielerinnen, wie sie die blutigen Revolutionstage ab dem 16. Dezember 1989 und auch die darauffolgende Zeit persönlich erlebt hatten. All das war schon beeindruckend, aber es waren die Reaktionen des Publikums danach, die ich nicht erwartet hatte. An diesem Theaterabend – so schien es – wurde der Elefant im Raum, der so oft zitiert wird, wenn man etwas oder jemanden totschweigen muss, tatsächlich lebendig. Aufgrund des Gezeigten, aufgrund der Emotionen der Schauspielerinnen, aufgrund ihrer Erzählungen an dem Abend kam es zu einem wahrhaft kommunikativen Dammbruch. Bis heute konnten nicht alle Schuldigen des Massakers an der Zivilbevölkerung in der Stadt zur Verantwortung gezogen werden, was noch immer als eine offene Wunde der Bürgerinnen und Bürger empfunden wird. Bis zu jenem denkwürdigen Theaterabend in Temeswar hatte ich etwa eintausendfünfhundert Theaterstücke in Österreich rezensiert und auch die jeweilige Publikumsreaktion mitbekommen. Aber das, was sich an diesem Abend im „Deutschen Staatstheater" ereignete, hatte ich noch nie erlebt. Es löste in mir jenen unabdingbaren Zuspruch aus, dass Theater nicht etwas ist, das man sich nur an der Spitze einer Konsumpyramide zu gönnen hat. Es wurde mir schlagartig bewusst, dass Theater ein Lebensmittel, ja mehr noch – wie man es kurz darauf ebenso in der Pandemie verfolgen konnte – ein Überlebensmittel ist. Die Möglichkeit, emotionale Schleusen zu öffnen, sich auszutauschen und gemeinsam etwas zu erleben, das man ohne Weiteres als den Beginn eines gesellschaftlichen Heilungsprozesses ansehen darf, diese Möglichkeit war an diesem Abend nicht mehr nur theoretisch, sondern real. Die Menschen im Saal nutzten die Gelegenheit, über die traumatischen Erlebnisse zu sprechen und auch darüber, wie die Gesellschaft in der darauffolgenden Zeit kommunikativ damit umging. Ich denke, dass dieses Erlebnis nicht nur für mich eines der stärksten war, das ich jemals im Theater erleben durfte. Alle, die dabei waren, wurden Zeugen einer kathartischen Wirkung, pointierter noch: eines Momentes der Erlösung aus einem zutiefst verstörenden Prozess, der zumindest in Teilen noch nicht aufgearbeitet war.

Ganz abseits dieser persönlichen Erfahrung, die so nur in diesem Land gemacht werden hätte können, möchte ich in meinem Vorwort jedoch noch auf ein besonderes Projekt explizit hinweisen, das mich aktuell sehr beeindruckt und auf das ich erst während der Arbeit an diesem Text gestoßen bin. Es ist dies die Erstellung eines *Multimedialen Wörterbuches des rumänischen Theaters* (https://www.dmtr.ro/). Interessant ist dies einerseits, weil sich daran viele Menschen beteiligen – und dies städte- und universitätsübergreifend. Andererseits aber auch, weil es aus einem Defizit heraus entstanden ist, dessen man sich erst einmal bewusst werden muss, um es genau verstehen zu können. Die beiden Weltkriege und die Zäsur nach dem Zweiten Weltkrieg mit der Übernahme der kommunistischen Herrschaft, sowie deren Auflösung im Jahr 1989 brachten unglaubliche gesellschaftliche Verwerfungen mit sich. Diese waren dafür verantwortlich, dass viel Archivmaterial landauf, landab vernichtet wurde, auch in den Theatern. Somit wurde etwas unterbrochen, was den Grundstein jeder kulturellen Entwicklung bildet: Das Wissen um das, was war, und warum und wie es sich verändert hat. Wenn Geschriebenes fehlt, wenn man wenig bis gar kein Archivmaterial mehr hat, dann bleibt immerhin noch eines – das gesprochene Wort, das sich aus einem Erinnerungsschatz formiert. Dieser Erinnerungsschatz wird mit dieser Initiative nun verschriftlicht. Ich kenne kein zweites Land, in dem dies so gehandhabt wird, was ich bemerkenswert finde und auch für andere Länder als Vorzeigeprojekt sehe.

Explizit erwähnen möchte ich zum Schluss auch – ein gewisser Nationalchauvinismus sei mir verziehen – die äußerst fruchtbringende Arbeit des Österreichischen Kulturforums in Bukarest. Während des ersten Lockdowns wurde dort eine bemerkenswerte Initiative ins Leben gerufen. Eine Reihe von rumänischen Künstlerinnen und Künstlern präsentierten ihre ganz persönlichen Pandemie-Statements in dem Film mit dem Titel *visions for a new together*, multimedial von Carmen Lidia Vidu bearbeitet. In Österreich wurde er 2021 in der Spielstätte der Theatercompagnie „wortwiege", den Kasematten in Wiener Neustadt, gezeigt. Der Film war nicht nur ein starkes Zeichen des rumänischen Kulturgeschehens auch während der Pandemie. Er war mit starken, nationenübergreifenden Identifikationsmomenten ausgestattet, die zeigten, dass alle Kulturschaffenden – egal in welchem Land – sich denselben Herausforderungen stellen mussten, unter diesen litten und sie letztlich auch meisterten. Die Erfahrung, dass gerade Kreative in Krisen oft auch Chancen erkennen, bezeugten auch die rumänischen Theaterschaffenden. Nach einer kurzen Schockstarre gelangten multimediale Produktionen in das Internet, die global abgerufen werden konnten. *Tag Z* (Regie: Bobi Pricop; Produzent: „Staatstheater Constanța“), *Einer flog über das Kuckucksnest* (VR-Show; Regie: Eugen Gyemant; Produzent: Theater „Andrei Mureşanu“ in Sfântu Gheorghe), oder *Pool.No Water* (Team: Radu Nica, Andu Dumitrescu, Vlaicu Golcea; Produzent: „Ungarisches Staatstheater Klausenburg“) können hier genannt werden. Sie und viele andere bedeuteten den Schritt in Unbekanntes, zugleich aber auch eine Erweiterung der theatralen Möglichkeiten, die zum Teil auch Bestand haben werden.

Ich möchte nicht enden, ohne allen Theaterschaffenden in Rumänien zu wünschen, dass es ihnen auch in Zukunft gelingen möge, jene Ausdrucksmittel zu finden, mit welchen es möglich ist, Menschen in einem gemeinsamen Erlebnisraum anzusprechen, sie zu unterhalten, zu berühren, sie aufzurütteln oder zum Lachen zu bringen. Dass dies in den kommenden Jahren, die aufgrund der vielen ökonomischen und ökologischen Herausforderungen nicht leicht sein werden, gerade in diesem leidgeprüften Land gelingen wird, davon bin ich überzeugt.

Die freie Theaterszene

bleiben eingeschränkt. Auf dem Spielplan stehen mehrheitlich Produktionen, die sich kritisch mit Vergangenheit und Gegenwart auseinandersetzen.

Neue Welten erschaffen – „Teatrul Luni de la Green Hours"

Die Spielstätte in der von Voicu Rădescu 1994 gegründeten Jazz-Bar „Green Hours", nur ein paar Häuserblocks von „Teatrul ACT" entfernt (Hausnummer 120), gilt als erstes Café-Theater Rumäniens. Der Name stammt daher, dass anfänglich lediglich am ersten Wochentag Theateraufführungen geboten wurden. Eine Reihe von heute etablierten Künstlern wie die Regisseure Radu Afrim, Ana Mărgineanu, Eugen Jebeleanu und Catinca Drăgănescu, die Dramatiker Peca Ştefan und Lia Bugnar oder die Liedermacherin Ada Milea haben am „Teatrul Luni de la Green Hours" ihre Karriere begonnen. Auch die bekannte Dramaturgin und Regisseurin Gianina Cărbunariu inszenierte an diesem Spielort ihr Stück *Stop the Tempo*, mit dem ihr 2004 der internationale Durchbruch bei der Wiesbadener Theaterbiennale gelang (2).

In den Anfangsjahren herrscht im Café-Theater eine derartig gute Stimmung, dass die Schauspieler ohne Bezahlung auftreten. Eintrittskarten werden keine verkauft. Das Konzept von Voicu Rădescu ist so erfolgreich, dass das Theater zum Millenniumswechsel zu einem internationalen Festival in die Schweiz eingeladen wird. Im selben Jahr inszeniert Radu Afrim am „Teatrul Luni de la Green Hours" *No Mom's Land*, ein Text nach „einer Idee von Samuel Beckett". Durch diese Off-Theaterproduktion werden sowohl Regisseur Afrim als auch Darstellerin, Sängerin und Komponistin Ada Milea bekannt. Inzwischen vertonte sie die in ihrer Heimat beliebten Kinderbücher des surrealistischen Dichters Gellu Naum über den Pinguin Apolodor und arbeitete mit dem angesehenen Violonisten Alexander Bălănescu zusammen. Heute ist sie eine der gefragtesten Theatermusikerinnen Rumäniens. Auch Nobelpreisträgerin Herta Müller schätzt die poetische und politische Kraft von Ada Mileas Texten, die vor allem durch ihre ironisch-persiflierenden Lieder bekannt ist, in denen sie bissig über das Leben in Rumänien reflektiert (3)

Einen Wendemoment erlebte das „Teatrul Luni de la Green Hours" 2003, als Florin Piersic jun. für seine Rolle in *Sex, Drugs, Rock & Roll* von Eric Bogosian mit dem Preis des Rumänischen Theaterverbands UNITER in der Kategorie „Bester Hauptdarsteller“ ausgezeichnet wurde. Es war die fünfte Inszenierung, in der der vielseitige Schauspieler im Café-Theater auftrat und gleichzeitig seine erste Inszenierung als One-Man-Show (4). Auf Vorschlag von Florin Piersic jun. und der Dramatikerin Mihaela Michailov wird Ende 2003 das Programm „Konsumtheater“ gestartet, das dem „Teatrul Luni de la Green Hours“ zwei Jahre später den UNITER-Excellence-Award einbringt (5). Es ist die erste wertvolle Auszeichnung für ein freies Theater in Rumänien! Seine größte Sichtbarkeit erlebte das „Teatrul Luni de la Green Hours“, als es das „Independent Theatre Festival“ organisierte: die ersten beiden Ausgaben in 2000 und 2001 zusammen mit dem „Teatrul ACT“, die dritte Ausgabe alleine im Jahr 2003.

Seit 2010 sind in Bukarest zahlreiche unkonventionelle Räumlichkeiten entstanden, die den freien Künstlern eine Bühne bieten. Das „Teatrul Luni de la Green Hours“ bleibt jedoch weiterhin in den Herzen zahlreicher Theaterfreunde. Auch wenn der Gründer Voicu Rădescu 2021 verstarb, erfüllt das Café-Theater mit einer Kapazität von 100 Plätzen auch heute noch seine Rolle als Ort der Ausdrucksfreiheit und des offenen Experiments für junge Theaterschaffende, so zum Beispiel auch für die seit 2012 vom Darsteller und Regisseur Daniel Chirilă geleitete Theatergruppe „Frilensăr“ (Freelancer – Anm. d. Verf.) aus der nordöstlichen Stadt Iaşi (6).

Das unbestrittene Verdienst, eine Alternative zum Staatstheater geboten und ein eigenes treues Publikum gebildet zu haben, gebührt den beiden Pioniertheatern „ACT“ und „Teatrul Luni de la Green Hours“. Bis 2010 sind dies die einzigen rumänischen freien Theater mit konsistenten Angeboten, die mehr als zwei Jahre überleben. Eine Ausnahme bildet das „Teatrul Imposibil“ in Klausenburg, das im Zeitraum 2003–2009 zahlreiche Werke und fünf Ausgaben des „MAN.In.FEST International Experimental Theatre Festival“ produzierte.

Das Aufbruchsjahr der freien Szene

2010 werden in Bukarest gleichzeitig mehrere freie Theater gegründet. Nur wenige haben eine Platzkapazität von mehr als 75 Sitzplätzen. Produktionen mit großem Ensemble sind seltene Ausnahmen. Ob im Herzen der Hauptstadt oder in abgelegeneren Stadtvierteln, die neu gegründeten Theater bieten Eigenproduktionen und fungieren auch als Gastgeber für andere freie Gruppen ohne eigene Spielstätte. Inzwischen hat sich das „Teatrul Godot" in der Fußgängerzone im Lipscani-Viertel zu einem der beliebtesten Spielorte der Off-Szene entwickelt, vor allem durch die Atmosphäre, die an das Milieu der Zwischenkriegszeit erinnert. Das dortige Theaterangebot ist kommerziell ausgerichtet, jedoch anspruchsvoll, normalerweise mit einem Star als Publikumsmagnet in der Besetzung. Dagegen liegt der Fokus des „Teatrul de Artă" auf der Schauspielkunst und auf zeitgenössischer Dramatik. Die Schaffung des „Teatrul Apropo" zeitgleich mit dem Theatermarathon „Bucharest Fringe Festival" trägt ebenfalls zur Sichtbarkeit der freien Szene bei und betont deren Wichtigkeit. Schöpfer der beiden ist der Chirurg und Schriftsteller Radu Popescu, auf dessen Texten der Großteil der Projekte des „Teatrul Apropo" basiert. Experimentierfreude, Innovation und Förderung des zeitgenössischen künstlerischen Schaffens stehen im Mittelpunkt. 2018 zieht das „Teatrul Apropo" in das Industrieviertel Pipera um.

Das Phänomen „unteatru"

Mit dem ebenfalls 2010 vom enthusiastischen Regisseur-Ehepaar Andrei und Andreea Grosu ins Leben gerufenen „unteatru" hat Bukarest eine hervorragende Spielstätte gewonnen, die sich hochqualitativen statt kommerziellen Theaterformen widmet. Fünf Jahre kam das Theater ausschließlich mit kaltem Wasser und einer Ofenheizung, mit nur zwei Scheinwerfern und einer handbetriebenen Drehbühne aus. Alles in allem bedeutete dies, fünf Jahre lang Theaterabende unter „idyllischen" Verhältnissen in einem fünf mal fünf Quadratmeter großen Wohnzimmer eines verlassenen Hauses im alten, historischen Stadtkern von Bukarest. Unter diesen prekären Umständen kämpfte sich „unteatru" durch. Nichtsdestotrotz waren nur restlos ausverkaufte Produktionen zu verzeichnen. Ob klassisch oder zeitgenössisch, „unteatru" bevorzugt Projekte, die sich an dramatischen Texten mit starken Figurenkonstellationen orientieren. Mit einem breitgefächerten Repertoire von Shakespeare, Tschechow,

Beckett, Edward Albee, Tennessee Williams, Harold Pinter, Morris Panych oder Adaptionen nach Cormac McCarthy und Wenedikt Jerofejew, entwickelte sich die Spielstätte sehr schnell zum beliebtesten Theater der Bukarester freien Szene. So ist es nicht verwunderlich, dass schon 2013 der „Theater von morgen"-Preis der Internationalen Vereinigung der Theaterkritiker (AICT) an „unteatru" für Tennessee Williams *Endstation Sehnsucht* verliehen wurde (7). Heute umfasst das Repertoire von „unteatru" über sechzig Theaterproduktionen.

Im Herbst 2015 nahm die räumliche Einschränkung ein Ende. „unteatru" zog in einen größeren Saal um. Mit einem professionell ausgestatteten Spielraum von 100 Plätzen ist ein großer Schritt nach vorn gemacht worden. Weitere 80 Sitzplätze sind in einem zu einer Bar umgestalteten Nebenzimmer vorhanden. Denn „unteatru" versteht es als seine Mission, junge Künstler zu fördern, unabhängige Produktionen zu entwickeln, einen Proberaum zu schaffen und zur kulturellen Weiterbildung beizutragen. Neben Theateraufführungen werden regelmäßig verschiedene hochkarätige Kulturveranstaltungen wie Filmprojektionen, Konzerte und Debatten organisiert. Kreativität hat oberste Priorität, vor allem aber auch der Wunsch der Zuschauer. Zudem findet seit 2014 eine Woche lang Ende Juli das Festival „Die unteatru-Theatertage" statt. Inzwischen ist das Regisseur-Duo Grosu eingeladen worden, auch an staatlichen Theatern in Rumänien, wie dem „Teatrul de Comedie", dem „Odeon"-Theater und dem Nationaltheater – alle drei in Bukarest – sowie dem „Radu Stanca"-Nationaltheater in Hermannstadt, zu inszenieren. Auch in der Corona-Pandemiekrise stach „unteatru" mit einem reichen Online-Angebot hervor.

2013–2016: Vervielfältigung der Perspektiven

Die Gründung zahlreicher freier Theater sowie die immer größer werdende Anzahl der Absolventen der Theaterakademien hat eine Vielfalt von Theaterformen zur Folge, die von kommerziellem über dokumentarisches bis hin zu politischem oder pädagogischem Theater reicht. Mehrere Theaterpraktiker in ihren Dreißigern verschreiben sich ganz der sozial engagierten Kunst. Projek-

Interdisziplinäre Ansätze an unkonventionellen Spielorten

Seit November 2016 hat die freie Szene in Bukarest eine neue, geradezu genial zentral gelegene Spielstätte im frisch renovierten Gebäude, in dem in der ersten Hälfte des 20. Jahrhunderts die Redaktion der Zeitung „Universul" tätig war (dem sogenannten „Universul"-Palast). Aufgrund ihrer Mission, professionelle und qualitativ hochwertige zeitgenössische Produktionen zu erschaffen, entschieden sich die Gründer für „Apollo111" in Anlehnung an den ersten erfolgreichen bemannten Flug zum Mond der US-amerikanischen Raumfahrtbehörde NASA (1961). Gleichzeitig soll der Name an den Gott der Künste und Beschützer der Poesie und Musik der griechischen Mythologie erinnern. „Apollo111" ist aber mehr als nur ein Privattheater. Es ist ein Ort der Begegnung, der Experimente. Denn neben dem modern ausgerüsteten Kellersaal mit einer Kapazität von 140 Sitzplätzen für Theater oder Kino stehen noch ein Raum für Konzerte, eine Bibliothek, drei Proben- und zwei Casting-Zimmer sowie eine Bar-Terrasse zur Verfügung (10).

Das Repertoire konzentriert sich auf zeitgenössische, überwiegend rumänische Dramatik. Das Programm bietet waghalsige Theater- und Filmaufführungen, zeigt aber auch Produktionen für Kinder. Darüber hinaus verfolgt „Apollo111" einen interdisziplinären Ansatz, der sowohl (inter-)kulturelle als auch (inter-)mediale Perspektiven aufnimmt. Somit ist es kein Wunder, dass bekannte Filmregisseure eingeladen wurden, den Spielplan mitzugestalten. Vielversprechend verlief der Neustart der Spielstätte „Apollo111", die von der Bank BRD – Groupe Société Générale unterstützt wird: Für die Eröffnungsfeier zeigte Radu Jude *Ali – Angst essen Seele auf*, eine Bühnenumsetzung des gleichnamigen filmischen Werkes von Rainer Werner Fassbinder. Seitdem inszenierten bei „Apollo111" bekannte rumänische Theaterregisseure der jungen Generation, unter anderem Catinca Drăgănescu, Andrei Măjeri, Leta Popescu, Iris Spiridon.

Interdisziplinär ist auch die ebenfalls 2016 eröffnete „POINT"-Kulturdrehscheibe ausgerichtet (besser bekannt als „POINT Hub"). Provokative Performances, Theater, Konzerte, Ausstellungen, Vorträge und Workshops stehen auf dem Spielplan. Mit seinen zwei kleinen Räumlichkeiten – eine Bar im Keller und ein Café-Theater im Obergeschoss – bietet „POINT" eine sehr intime

Atmosphäre. Bisher wurden hier fünfzehn Performances in Zusammenarbeit mit bekannten zeitgenössischen Regisseuren und Schauspielern wie Catinca Drăgănescu, Eugen Gyemant, Nicoleta Lefter, Radu Iacoban, Alexandra Penciuc, Florin Piersic jun., Gabriel Sandu produziert.

Ausblick auf die Zukunft

Dass die Bukarester freie Theaterszene groß und vital ist, wird auch von der Eröffnung des „Teatrul Infinit" im Herbst 2021 während der Corona-Pandemie bestätigt. Die in einem ehemaligen Kinosaal untergebrachte Spielstätte hat eine Kapazität von 200 Sitzplätzen. Die Atmosphäre erinnert an amerikanische Theater der Off-Szene. Auf dem Programm stehen bereits mehrere Produktionen, unter anderem von Lia Bugnar, Alex Bogdan und Matei Lucaci-Grunberg. Der Start klingt vielversprechend. Die Frage ist nur, wie lange sich diese neue Spielstätte halten wird (11).

Quellen

(1) Wolf, Irina (2011) „Ein Jahrzehnt ACT-Theater". In: Mazilu, Alina/Weident, Medana/Wolf, Irina (Hg.), *Das rumänische Theater nach 1989. Seine Beziehungen zum deutschsprachigen Raum*. Berlin: Frank & Timme, 295.

(2) http://www.aurora-magazin.at/medien_kultur/wolf_volkstheat_frm.htm, aufgerufen am 02.02.2022.

(3) https://www.deutschlandfunk.de/die-rumaenische-liedermacherin-ada-milea-beobachtungen-aus-100.html, aufgerufen am 02.02.2022.

(4) https://www.rri.ro/de_de/theater_am_montag_in_green_hours_kaderschmiede_des_unabhaengigen_theaters_wird_20-2573869, aufgerufen am 02.02.2022.

(5) https://revistascena.ro/editorial/exercitiu-de-memorie-teatrul-luni-de-la-green-hours-dupa-20-de-ani/, aufgerufen am 02.02.2022.

(6) http://mhub.aiviong.ro/interviu-tiberiu-frilensar-enache/, aufgerufen am 03.02.2022.

(7) https://www.theatrescu.com/projekte/rum%C3%A4nien/die-freie-szene-in-bukarest/ „Wenn die Kälte überhandnimmt" (31.07.2017), aufgerufen am 03.02.2022.

(8) Popovici, Iulia (2019) „How David Schwartz ‚invented' an independent theater". In: Cîntec, Oltița (Hg.) *Theater.ro, New Entries*. Jassy: Timpul , 212–213.

(9) https://artapolitica.ro/teatru/sample-page/, aufgerufen am 03.02.2022.

(10) http://www.aurora-magazin.at/medien_kultur/wolf_apoll_frm.htm, aufgerufen am 03.02.2022.

(11) https://zilesinopti.ro/2021/10/10/nou-in-oras-o-surpriza-infinit-de-placuta-pentru-iubitorii-de-teatru/, aufgerufen am 03.02.2022.

Weiterführende Links:

https://adamilea.ro/
https://www.teatrulgodot.ro/
https://teatruldearta.ro/istoric/
https://bfringe.ro/
https://teatrulapropo.ro/despre-noi/
https://www.unteatru.ro/
https://centrulreplika.com/despre-noi/
https://www.365-tage-in-deutschland.de/
http://apollo111.ro/
https://www.pointhub.ro/despre-noi
https://teatruinfinit.ro/

Oana Cristea Grigorescu

Nutzen und Risiken der Unabhängigkeit

Am 5. März 2022 gab der Künstlerverband „Fabrica de Pensule“ in Klausenburg in einem Facebook-Posting seine endgültige Schließung bekannt. Nach seiner Umwandlung 2020 in eine „Gemeinschafts-Programm-Plattform“ (1) und nach etlichen Jahren eines Strukturauflösungsprozesses beendete der erste rumänische freie Künstlerverband seine Mission, nicht ohne ein Modell zu hinterlassen, das einen wesentlichen Beitrag zur Entwicklung der freien Kulturszene auf lokaler und nationaler Ebene geleistet hat. Eine Ursache für die Schließung der 2009 gegründeten „Fabrica de Pensule“ – anerkannt als Verschmelzungsort der freien künstlerischen und theatralischen Initiativen – war das von Gentrifizierung betroffene Viertel, in dem das Künstlerkollektiv untergebracht war. Dazu kamen noch die schrittweise Umwandlung des Gebäudes zu Büroflächen und die wachsenden Meinungsunterschiede der Gründungsmitglieder.

Die Unabhängigkeitserklärung

Aus der Perspektive der Geschichte der rumänischen freien Theaterszene betrachtet, ist die Initiative „Fabrica de Pensule“ einzigartig. Basierend auf dem Prinzip der gemeinsamen Ressourcennutzung hat das Kollektiv innerhalb eines Jahrzehnts auf neue Künstler und Dramatiker gesetzt, Performativitätsformen eingeführt und ein engagiertes Publikum aufgebaut, sowie weiterhin durch Workshops, Festivals, Micro-Spielzeiten das Schaffen der darstellenden Künstler unterstützt und zugleich Absolventen ein passendes Umfeld für ihre berufliche Weiterentwicklung geboten. In den 2000er Jahren war es Hochschulabsolventen der Fakultäten für Theater, Tanz und bildende Kunst kaum möglich, in das gesättigte Netzwerk der staatlichen Institutionen aufgenommen zu werden. Außerdem mangelte es in Klausenburg an Kunstgalerien,

Veranstaltungsorten, Förderprogrammen. Aus dieser Notwendigkeit heraus wurde „Fabrica de Pensule" durch den Zusammenschluss mehrerer unabhängiger Organisationen gegründet.

„ColectivA" war eines der Verbandsmitglieder, das unter der visionären Leitung der Kulturmanagerin Miki Branişte von 2008 bis 2017 zehn Ausgaben des „Temps d'Images"-Festivals (2) organisierte und ab 2012 mit dem „Produktionslinie"-Projekt Spielzeiten für die freien Theater und die zeitgenössische Tanzszene bereitstellte. „GroundFloor-Group" ist ein anderes Mitglied, das durch das „Trans-Contact"-Festival die „Kontaktimprovisationstechnik" entwickelte und ein performatives Experimentierfeld in der Theater- und Tanzszene etablierte. Die Partnerschaft zwischen „ColectivA" und dem „Centrul Naţional al Dansului Bucureşti" führte 2013 zur Geburt von „R.A.P. – Residenzen, Ateliers, Publikum" –, das Kreations- und Produktions-Workouts für die zeitgenössische Tanzszene organisierte. Workshops und Koproduktionen wurden zusammen mit der Fakultät für Theater und Fernsehen Klausenburg (FTT) durchgeführt. Dabei spielte die „Fabrica de Pensule" eine entscheidende Rolle für die Bekanntmachung der performativen Ästhetik und für die Gründung und Entwicklung der heutzutage aktiven freien Theater.

Im Bereich der Kunstgalerien ermöglichte das kuratorische Projekt „Drei Austauschmöglichkeiten" die Gestaltung von Vernissagen, Treffen, Diskussionen und Besuchen in den „Fabrica de Pensule"-Werkstätten. Das Programm gewann an internationaler Sichtbarkeit durch die Veröffentlichung von Artikeln in bekannten Zeitschriften für zeitgenössische Kunst wie „Art Press".[1] Trainings für Fachleute im Kultur- und Management-Bereich runden das Angebot der Verbandsmitglieder von „Fabrica de Pensule" ab und vermitteln ein umfassendes Bild über den Beitrag des Vereins zur Entwicklung der lokalen und nationalen freien Szene.

„Fabrica de Pensule" wurde im Jahrzehnt seiner Existenz nach dem Gaußschen Gesetz umgestaltet. Die alternative Bewegung in der Kunstszene erlebte eine Wachstums- und Stabilitätsphase, gefolgt von einem langsamen Niedergang. Anstöße zu einer neuen Dramatik und zu neuen Genre-Ansätzen wie

1 Durch ihre Tätigkeit im Bereich der bildenden Kunst war „Galeria Plan B" der Hauptmotor für die Entstehung, Entwicklung und internationale Bestätigung von „Fabrica de Pensule".

sozial engagiertes Theater, Dokumentartheater und performatives Experiment, die im Repertoire der Staatstheater fehlten, führten zu einer Vielfalt von Produktionen. Dabei behaupteten sich zwei ästhetische Richtungen: das neue Texttheater und die Performance in ihren zahlreichen Varianten (visuell, choreografisch, textbasiert, Audio, Video usw.). Das Interesse am Dokumentartheater brachte einen neuen Schwung in die Methoden des kollektiven Schaffens, festigte aber auch den Status des Autors als Regisseur seiner eigenen Texte. Das ästhetische Erbe von „Fabrica de Pensule" ist die Option für Performativität und für das sozialpolitisch engagierte Theater als Anreger für neue Dramatik.

Chronologisch gesehen erfolgte 2013 die Gründung der Gruppe „Create.Act.Enjoy" als NGO. Der Schwerpunkt lag auf der Eingliederung des Theaters in die Gesellschaft und auf sozialen Projekten, die Therapie durch Theater oder Bildung durch kreative Workshops ermöglichten. Nach und nach wurden die Aktionen auf die Städte rund um Klausenburg ausgeweitet. „Create.Act.Enjoy" entstand aus dem gleichen Bedürfnis der Absolventen heraus, einen Kontext zu schaffen, in dem sie als freie Künstler arbeiten konnten. Darüber hinaus erleichterten kunsttherapeutische Projekte und Kreativ-Workshops für Schüler den Zugang zu Fördermitteln aus dem lokalen Budget. Die drei Produktionsrichtungen der Gruppe konzentrieren sich auf Performance-Darbietungen in der eigenen Spielstätte, auf Veranstaltungen an unkonventionellen Orten und auf die Bildungskomponente (3). Von seinen Anfängen bis heute bleibt die Eingliederung von Kunst in die Gesellschaft das Merkmal der Gruppe: Straßen-Flashmobs in einer Anti-Drogen-Kampagne, Workshops in Schulen im „Kreativmonat"-Projekt, Kasperltheater und Elemente der Commedia dell'Arte in Programmen für Krankenhauspatienten, Pantomime und lebende Statuen bei privaten Veranstaltungen. All dies sind Anpassungsformen der Gruppe an die Besonderheiten des Publikums.

Die Anfänge von „Create.Act.Enjoy" sind mit „Fabrica de Pensule" verbunden, genauer gesagt mit der Aufnahme der Show *This is my body. Come in my mind* in das „Produktionslinie"-Projekt (2012). Damals formierte sich der Kern der Gruppe, bestehend aus den Künstlern Diana Buluga, Raluca Lupan, Alexandra Felseghi, Cristian Pascariu, Alin Barbir. Seitdem ist die Organisation stetig gewachsen und hat neue Generationen von Künstlern integriert. Seit 2013 agiert Diana Buluga auch als Schauspielerin am „Lucian Blaga"-Nationaltheater in Klausenburg. Ihre doppelte Tätigkeit spiegelt die gesamtheitliche Tendenz ihrer Generation wider. Die in der freien Szene aktiven Künstler begannen in den letzten Jahren in staatlichen Theaterhäusern zu arbeiten. Dadurch ist ihnen die Öffnung der Repertoires für aktuelle gesellschaftliche Themen und performative Ästhetiken gelungen. Die Vorbereitungen, an denen ein Jahrzehnt lang gearbeitet wurde, haben nun die Bereitschaft der Staatstheater, Koproduktionen mit freien Gruppen zu entwickeln, zur Folge.

Die zweite Welle

Derzeit sind „Reactor de creaţie şi experiment" sowie „Asociaţia Reciproca" die aktivsten Gruppen in der freien Szene Klausenburgs. Beide wurden 2014 auf Initiative einiger Absolventen der FTT gegründet. Zwischen den Schwesterstrukturen besteht eine enge Beziehung, nicht nur durch die Ausbildung der Gründungsmitglieder am FTT und der Zugehörigkeit zur freien Szene, sondern auch durch die gemeinsam entwickelten künstlerischen Projekte. Manager des „Reactor" ist das Schauspielerehepaar Oana Mardare und Doru Taloş. Bevor die beiden Absolventen des FTT mit dem Gedanken an die Gründung eines eigenen Theaters in Rumänien spielten, verbrachten sie fünf Jahre in Spanien. „Reactor de creaţie şi experiment" bot der freien Szene in Klausenburg ein eigenes Theaterstudio und ein Arbeitsumfeld, wie sie sich auch dessen Gründer als Schauspieler wünschten. Im Stadtzentrum positioniert, verfügt der „Reactor de creaţie şi experiment" über ein in einer ehemaligen Druckerei eingerichtetes Studio. An diesem Ort wird eine breite Programmpalette geboten (4): eine „Reactor"-Spielzeit mit Eigenproduktionen für Erwachsene, eine „Mini-Reactor"-Spielzeit mit Kinderproduktionen, ein „Drama5"-Residenz-Programm für die Unterstützung des dramatischen Schreibens und ein „Fresh Start"-Programm für die Förderung der Bühnenkreationen junger Künstler. Residenzen finden seit 2016 jährlich statt. In den bisherigen sechs Ausgaben hat „Reactor" bedeutende Regisseure und Dramatiker bekanntgemacht. Bei der UNITER-Gala 2018 wurde der Beitrag der Gruppe zur nationalen Theaterdynamik durch den British-Council-Preis gewürdigt. In den beiden Covid-Pandemiejahren war „Reactor" eines der ersten Theater, das sich an die neuen

Bedingungen des Online-Streamings anpasste. 2022 startete es Koproduktionen mit staatlichen Institutionen wie dem „Teatrul Gong" in Hermannstadt und dem Theater „Andrei Mureşanu" (TAM) in Sfântu Gheorghe.

Der „Reciproca"-Verein organisiert seit 2015 jährlich die vom Regisseur Claudiu-Lorand Maxim koordinierte „Focus Atelier"-Plattform (5). *Gegen den Zynismus* lautete das Thema der neuesten Ausgabe der Plattform, die im November 2021 stattfand. Workshops, Residenzen und Debatten zum Thema zeitgenössische soziale Kunst, die vom „Focus Atelier" organisiert werden, leisten einen wichtigen Beitrag zur Bildung des kritischen Geistes der neuen Generationen aktivistischer Künstler. Das Gesamtprojekt wurde 2018 für die Auszeichnung durch die Verwaltung des Nationalen Kulturfonds (AFCN) nominiert.

Die rumänisch-ungarische Zusammenkunft

Der multikulturelle Charakter der Stadt Klausenburg fand seinen Ausdruck in der Zusammenarbeit zwischen rumänischen und ungarischen Künstlern. Gemischte Besetzungen wurden begünstigt, Gäste aus anderen künstlerischen Bereichen (Ton, audiovisuelle Medien, Choreografie) wurden eingeladen mitzuwirken, und ein zweisprachiges Publikum wurde durch Übertitelung auf Rumänisch bzw. auf Ungarisch herangezogen. Vorreiter im ungarischsprachigen Theaterbereich ist der Verein „GroundFloor-Group", der bis zur Schließung von „Fabrica de Pensule" vor allem durch körperbezogene Performances aktiv war. Das Ehepaar Kelemen Kinga (Managerin des Vereins „GroundFloor-Group") und Sinkó Ferenc (Schauspieler, Regisseur und Choreograf) organisierte sieben Ausgaben des „Trans-Contact"-Festivals sowie zahlreiche Workshops und Bewegungskurse für Fachleute. *Parallel* ist die regelrechte Vorzeigeproduktion der Klausenburger Performance-Szene. Die Koproduktion von „Ground-Floor-Group" und „ColectivA" wurde 2013 mit dem UNITER-Preis ausgezeichnet und gilt als Wendepunkt in der Anerkennung der Performativität in der nationalen Theaterszene. Als Schauspieler am Ungarischen Staatstheater Klausenburg ist Sinkó Ferenc ein weiteres Beispiel für die abwechselnde Ausübung des Berufs zwischen den staatlichen Institutionen und der freien Szene, das maßgeblich zur Annäherung der beiden Milieus beigetragen hat.

„Váróterem Projekt“ (6) ist eine ungarischsprachige NGO, die von Schauspielern 2010, unmittelbar nach ihrem Abschluss an der ungarischen Sektion der FTT, gegründet wurde. Dem lokalen Vorbild entsprechend traten sie in verschiedenen Räumlichkeiten auf: in „Fabrica de Pensule“, in Gymnasien (in Klausenburg und in anderen Städten) oder an unkonventionellen Orten. Ende 2014 haben sie „ZUG.zone“ als offenen Spielraum für andere freie Gruppen aus diversen künstlerischen Bereichen (Musik, bildende Kunst) eröffnet. „Váróterem Projekt“ produziert regelmäßig Performances auf Ungarisch (7).

Die Erbschaft

Die freie Szene in Klausenburg entstand als Reaktion auf das Überangebot an Absolventen der Theaterfakultäten, die in den letzten drei Jahrzehnten in das institutionelle System aus Kapazitätsmangel nicht aufgenommen werden konnten. Die Bewegung brachte eine wesentliche Veränderung im rumänischen Theater: Die freie Szene konnte sich als Ort der ästhetischen Erneuerung durchsetzen sowie als Schauplatz für die Darstellung gesellschaftlich relevanter Themen behaupten.

Aus dem Rumänischen von Irina Wolf

Quellen

(1) https://fabricadepensule.ro/despre/, aufgerufen am 26.04.2022.

(2) Nach der ersten Ausgabe in Bukarest zog das Festival 2009 nach Klausenburg um.

(3) Projektbeschreibung unter: https://createactenjoy.com/, aufgerufen am 26.04.2022.

(4) https://reactor-cluj.com/, aufgerufen am 26.04.2022.

(5) http://focusatelier.ro/#focus, aufgerufen am 27.04.2022.

(6) https://www.varoteremprojekt.ro/ro/, aufgerufen am 27.04.2022.

(7) https://www.varoteremprojekt.ro/ro/, aufgerufen am 27.04.2022.

Irina Wolf

Künstlerische Entfaltung von Westen nach Osten

Die größte Anzahl an freien Theatern befindet sich ohne jeden Zweifel in Bukarest. Auch wenn in den anderen Großstädten Rumäniens wesentlich weniger freie Gruppen aktiv sind, spielen diese eine wichtige Rolle in der Entwicklung der nationalen Theaterszene.

Das kleinste Theater Rumäniens

Am 6. Mai 2005 wurde mit der Gründung des „Auăleu"-Theaters hinter dem Nordbahnhof in Temeswar ein erstes Zeichen für die lokale Off-Szene gesetzt. „Es war kein geeigneter Ort, um künstlerische Darbietungen zu zeigen, denn wir arbeiteten in einer Garage von neunzehn Quadratmetern, umgeben von einem Hof mit 150 Sitzplätzen" (1), sagt Ovidiu Mihăiță, eines der Gründungsmitglieder des „Auăleu"-Theaters. Ihre allererste Produktion wird heute noch gespielt. *Shadows for Tears* ist ein Pantomime-Theater. Diese Form der darstellenden Kunst gab es 2005 in Rumänien eher selten. Damals war das Publikum aus Gymnasiasten und Studierenden zusammengesetzt. Von Anfang an durften diese den Eintrittspreis frei bestimmen, sich ohne jegliche Zurückhaltung an den Proben beteiligen und die Ergebnisse der Shows direkt beeinflussen. Requisiten, Bühnenbildelemente und Kostüme wurden teilweise von den Zuschauern gespendet.

Heute sind „Auăleu"-Anhänger zwischen zehn und achtzig Jahre alt. Ein Zeichen dafür, dass es der freien Gruppe gelungen ist, die Menschen ins Theater zu locken. In der Zwischenzeit werden fixe Eintrittspreise verlangt. Nachdem es vier Jahre lang in der Garage gespielt hat, zog „Auăleu" in ein altes Haus um. Statt neunzehn standen dann fünfundzwanzig Quadratmeter zur Verfügung. Um die dreißig Zuschauer hatten darin Platz. „Wir sind das kleinste

Theater Rumäniens, wir spielen in einem Bierhaus", sagt Mihăiță. Im selben Gebäude werden seit 2015 das „Scârț Loc Lejer"-Café („Quietsch Lockerer Ort" – Anm. d. Verf.) und eines der beliebtesten Museen der Stadt betrieben: das Museum des kommunistischen Verbrauchers. „Auăleu" tritt auch auf der Straße auf sowie in verlassenen Häusern und Klubs, in Militärzelten und Strafanstalten, unter Brücken, auf Märkten, in Kellern, Hotels und Parks. Im Sommer tourt es auf Theater- und Musikfestivals. Bisher war „Auăleu" nach Deutschland, Frankreich, Serbien, Bosnien und Moldawien eingeladen, vor allem mit der musikalischen Schatten-Performance *Miorița, einer Inszenierung der gleichnamigen rumänischen Ballade.* Die Gruppe besteht heute aus zehn Mitgliedern, die insgesamt siebenundsechzig Tätigkeiten ausüben, von Schauspieler, Musiker und Dramatiker, über Licht-Designer, technische Regisseure und Inspizienten, bis hin zu Kartenverkäufer und Platzanweiser. Jährlich wird eine neue Performance produziert; im Durchschnitt werden 150 Aufführungen gezeigt. Alle sind ausverkauft. Eine der besten und umstrittensten Produktionen des „Auăleu"-Theaters ist *Huooooo*, ein von Ovidiu Mihăiță verfasstes Werk, das auf den Straßenprotesten von 2015 basiert. Auslöser war der in einem Bukarester Nachtklub ausgebrochene Brand, der vierundsechzig Todesopfer forderte. Viele Rumänen machten dafür die korrupten Institutionen und Politiker verantwortlich.

Seit 2019 ist der „Auăleu"-Kulturverein in zwei Großprojekten für „Temeswar Europäische Kulturhauptstadt 2023" aktiv (2). Doch es gibt noch eine zweite freie Gruppe in der Banater Hauptstadt. 2017 wird in der Halle der ehemaligen Hutfabrik „Paltim" das „Basca"-Theater gegründet. Drei Jahre später zieht das Team in eine größere Spielstätte um. „Basca" versteht sich als Treffpunkt von Künstlern und Kunstinteressierten. Die allgemeine Zielsetzung ist es, einen diskriminierungsfreien Zugang der sozial benachteiligten Personengruppen wie Roma, Migranten, Gewalt- und Missbrauchsopfer zur Kultur zu ermöglichen. Dadurch soll auch eine Brücke zwischen gut situierten Bürgern und den schutzbedürftigen Menschen geschaffen werden. Theater-, Zirkus-, Film- und Musikprojekte sowie Kunstworkshops stehen auf dem Programm.

Der verlorene Kampf ums Überleben

Ein Vergleich der von den Städten zugewendeten Budgets für Kultur zeigt große Unterschiede: 0,9 % für Hermannstadt, 0,75 % für Klausenburg, 0,35 % für Târgu Mureş und nur 0,04 % für Iaşi (3). Andererseits gilt Iaşi als „historische Kulturhauptstadt" des moldawischen Teils Rumäniens. 2011 begann im Stadtzentrum das von Maria Comârlău und Stanca Jabeniţan gegründete „FIX"-Theater seine Aktivität. Zur damaligen Zeit war es der einzige Kunstraum der Off-Szene in Iaşi. Sechs Jahre später musste das „FIX"-Theater aufgrund einiger Unannehmlichkeiten mit dem Eigentümer an den Stadtrand umziehen. Hier folgten zwei Ausgaben des „Re-GENERATOR"-Festivals, das Freiwillige, Schauspieler und Künstler zusammenbrachte. Es gab keine Heizung. Leider auch keine Finanzierung. Die Suche nach Lösungen ging auf Kosten der Kreativität. Am Ende seiner Kräfte gab das Team 2021 auf. Das „FIX"-Theater – als unabhängiger Kunstraum – ist Geschichte, hingegen arbeiten die Künstler weiterhin mit anderen freien Gruppen zusammen: mit der 2019 in Iaşi gegründeten Gruppe „Teatrul din Stejar" oder mit dem „Teatrul Luni de la Green Hours" in Bukarest.

Kultureller Brennpunkt Siebenbürgen

In der vom internationalen Theaterfestival FITS und dem „Radu Stanca"-Nationaltheater dominierten Hermannstädter Szene ist es nicht leicht, freie Gruppen zu gründen. Doch genau das hat sich eine Handvoll Menschen 2006 vorgenommen. Bogdan Sărătean ist Regisseur und Gründungsmitglied des „BIS"-Theaters. Gleichzeitig ist er Professor an der lokalen Universität „Lucian Blaga" und Schauspieler am gleichnamigen Nationaltheater. Zugleich ist Sărătean Autor der Texte, die er zusammen mit dem „BIS"-Team inszeniert. Gespielt wird in einem Café auf dem „Kleinen Platz" der Stadt, im Sommer im Garten des Hauses. Die Produktionen des „BIS"-Theaters sind stilistisch sehr unterschiedlich und richten sich an alle Altersgruppen. Gemeinsam mit dem Team organisiert Sărătean auch das Gemeinschaftsprojekt „CoolTour durch die Bezirke" und das Festival „25 Stunden Non-Stop-Theater". Dem „BIS"-Theater ist es gelungen, eine eigene Identität zu schaffen und die Barrieren zwischen Publikum und Bühne aufzubrechen (4).

Einen besonderen Platz in der Off-Szene nimmt das 2005 von Péter Uray in Sfântu Gheorghe gegründete „Studio M“ ein.[1] Der körperbetonte Ansatz erlaubt der Gruppe, die künstlerischen Möglichkeiten zwischen zeitgenössischem Tanz, Sprechtheater und visuellem Theater auszuloten und sich an der Einführung eines einst in Westeuropa verwurzelten, jedoch in Siebenbürgen unbekannten Genres zu beteiligen. Das innovative Repertoire des „Studio M“ umfasst sowohl Produktionen, die in thematischen Workshops entstehen, als auch einzigartige Adaptionen klassischer Stücke von Shakespeare und Ibsen über Tschechow bis hin zu Kafka und Örkény.

Pulsierender Theater-Hotspot in einer mittelalterlichen Festung

In der Metzgerbastei von Târgu Mureş entschieden sich Nicu Mihoc (Schauspieler am lokalen Nationaltheater) und sein jüngerer Kollege Theo Marton zusammen mit Laurenţiu Blaga, Zeno Apostolache und Bogdan Moraru im Jahr 2003, ein freies Theater zu gründen. Sie nannten es „Teatrul 74“ in Anlehnung an die ursprüngliche Anzahl von Sitzplätzen. Vor zwei Jahrzehnten machten zeitgenössische Theaterstücke nur acht Prozent des Repertoires aus. So wurde die Förderung der neuen Dramatik zum Ziel des „Teatrul 74“. Seine Produktionen sind lebendig, interessant, modern, minimalistisch, überzeugend. Während der Sanierung der Bastei von 2012 bis 2016 durchlebte das Team eine schwierige Zeit, in der keine kontinuierliche Arbeit möglich war. Erst die Saison 2016–2017 brachte das „Teatrul 74“ mit der Premiere *American Buffalo* von David Mamet in der Regie von Theodor Cristian Popescu zurück in den Mainstream (5).

1 Sfântu Gheorghe/Sankt Georgen, die Hauptstadt des Kreises Covasna, gehört zum Szeklerland, einem Gebiet Siebenbürgens, welches hauptsächlich von Ungarisch sprechenden Personen bewohnt wird.

Ebenfalls in der Festung von Târgu Mureş befindet sich eines der langlebigsten freien Theater des Landes. „Yorick Stúdió“ feierte 2020 sein fünfzehnjähriges Bestehen. Das vom Schauspieler und Regisseur Sebestyén Aba gegründete ungarischsprachige Projekttheater hat seinen Sitz in einem unkonventionellen Raum im Untergeschoss der Metzgerbastei. Es bietet Künstlern und dem Publikum eine Alternative zum lokalen Staatstheater. Die Tätigkeit des „Yorick Stúdió“ konzentriert sich auf den interkulturellen Dialog. Jährlich werden zwei Inszenierungen nach zeitgenössischen Texten eines rumänischen und eines ungarischen Dramatikers produziert (6). Alle Vorstellungen werden auf Rumänisch übertitelt. Bis 2020 hat „Yorick Stúdió“ mit über zweihundert Künstlern verschiedener Ethnien und Nationalitäten zusammengearbeitet. Csaba Székely gehört zu den meistinszenierten Dramatikern, wobei Gianina Cărbunarius Stück *20/20* zu den bedeutendsten Produktionen des Theaters zählt. Von fünf rumänischen und fünf ungarischen Schauspielern gespielt, untersuchte das mehrsprachige Werk Themen wie Nationalismus, Vorurteile, Misstrauen und Entfremdung. Der Titel bezieht sich einerseits auf die lokalen ethnischen Ausschreitungen vom 20. März 1990, andererseits auf die zwanzig Jahre, die zum Zeitpunkt der Produktionsentstehung seit dem Fall des Kommunismus vergangen waren (7).

Târgu Mureş kann sich rühmen, eine dritte freie Gruppe zu besitzen: die „Incubator 13“. Die Idee von „Incubator 13“ entstand im Rahmen des EU-Projektes für „Theaterpraxis in den Regionen Zentrum und Nord-West“, an dem sich Universitäten aus Hermannstadt und Klausenburg sowie das „Teatrul 74“ beteiligten. Ein Team von dreizehn Künstlern unter der Leitung des Regisseurs Rareş Budileanu legte den Grundstein für die zukünftige freie Gruppe. Diese versucht durch Projekte möglichst viele Menschen aus allen sozialen Schichten der Stadt einzubeziehen. Bis 2018 übte die Gruppe „Incubator 13“ ihre Tätigkeit mit Unterbrechungen aus. Das bisher wichtigste Werk ist *Poor* von Lucy Thurber in der Regie von Rareş Budileanu, eine Koproduktion mit dem lokalen Nationaltheater. Seit 2021 hat „Incubator 13“ eine eigene Spielstätte innerhalb der lokalen mittelalterlichen Burg (8).

Fazit: Diese Veranschaulichung der rumänischen freien Theaterszene erhebt keinen Anspruch auf Vollständigkeit. Freilich gibt es freie Gruppen auch in anderen Städten wie Craiova, Oradea oder Baia Mare. Eine Beschreibung jedes einzelnen Theaters würde hier den Rahmen sprengen. Letztlich ist dieser Überblick ein Beweis dafür, dass die dynamische Entwicklung der rumänischen Off-Szene nach der Jahrtausendwende wichtige Impulse für Innovationen in Kunst und Kultur setzte. Denn künstlerisches Experiment und Freiraum sind Motor jeder Gesellschaft.

Quellen

(1) https://www.libertatea.ro/stiri/cel-mai-mic-teatru-din-romania-este-la-timisoara-2199839, aufgerufen am 26.05.2022.

(2) Mihăiță, Ovidiu (2020) „15 ani de Auăleu la Timişoara". In: Revista Scena.ro Nr. 50, 31.

(3) https://culturaladuba.ro/lupta-pana-la-desfiintare-fix-teatrul-independent-care-s-a-zbatut-timp-de-10-ani-sa-supravietuiasca-in-iasi/, aufgerufen am 26.05.2022.

(4) https://revistacopilot.ro/2020/03/01/bogdan-saratean-si-povestea-din-spatele-teatrului-bis/, aufgerufen am 26.05.2022.

(5) https://www.observatorcultural.ro/articol/unidrama-numarul-8/, aufgerufen am 26.05.2022.

(6) https://revistascena.ro/stiri/teatrul-independent-yorick-studio-din-targu-mures-implineste-15-ani-de-activitate/, aufgerufen am 27.05.2022.

(7) https://adevarul.ro/locale/targu-mures/targu-mures2020-studio-yorick-1_50bd5ab97c42d5a663cab2ee/index.html, aufgerufen am 27.05.2022.

(8) https://www.radiomures.ro/stiri/incubator-13-un-nou-spatiu-cultural-la-targu-mures.html, aufgerufen am 29.05.2022.

Weiterführende Links:

http://www.aualeu.ro/
https://basca.tm.ro/despre/
https://www.bisteatru.ro/
https://www.m-studio.ro/ro

Irina Wolf / Cristina Modreanu

„Die unabhängige Szene übernimmt in Rumänien wesentliche Aufgaben des kulturellen Lebens“

Interview mit der Theaterkritikerin und -kuratorin Cristina Modreanu

Irina Wolf: *Die Corona-Pandemie ist im März 2020 ausgebrochen. Wenn ich mich richtig erinnere, waren Sie zu dem Zeitpunkt in den Vereinigten Staaten von Amerika auf Tournee, um Ihr neues Buch* „A History of Romanian Theatre from Communism to Capitalism. Children of a Restless Time“ *zu präsentieren. Bitte erzählen Sie mir mehr über den Inhalt des Bandes und das amerikanische Abenteuer.*

Cristina Modreanu: Ja, das stimmt, genau vor einem Jahr befand ich mich in New York, wo die Tournee der Präsentation meines Buches beginnen sollte. Es handelt sich um die erste Publikation in englischer Sprache über das rumänische Theater, herausgegeben vom Routledge-Verlag. Geplant war, das Buch an sechs amerikanischen Universitäten zu präsentieren: zuerst bei der Pace University in New York, dann an der University of Washington in Seattle, der University of California in Irvine, der University of Arizona in Phoenix und dem Ithaca College. Die Tournee hätte an der Harvard University enden sollen, wo das Thema bei Geschichtsstudierenden auf großes Interesse gestoßen ist. Ich schaffte es nur, mein erstes „Live“-Treffen mit Studierenden der Pace University abzuhalten. Die Präsentation an der University of Arizona fand online statt, denn die Studierenden befanden sich bereits in Quarantäne, nachdem in den USA und vor allem in Seattle mehrere Corona-Cluster entdeckt worden waren. Alles stand still, überall herrschte Panik, und die Campus wurden geschlossen. Das Rumänische Kulturinstitut, mit dem ich einen Vertrag für diese Tournee unterzeichnet hatte, verschwand von der Bildfläche – ein weiteres Zeichen der allgemeinen Verwirrung, die den Beginn der Pandemie kennzeichnete.

Um auf Ihre Frage zurückzukommen: Der Inhalt des Buches entspricht genau dem Titel „A History of Romanian Theatre from Communism to Capitalism. Children of a Restless Time“ („Eine Geschichte des rumänischen Theaters vom Kommunismus bis zum Kapitalismus. Kinder einer unruhigen Zeit“ – Anm. d. Ü.). Ich habe es „eine Geschichte“ und nicht „die Geschichte“ genannt, weil es sich um meine Version dieser Geschichte handelt. Im Übrigen habe ich an einigen Stellen eine subjektive Meinung als fachbezogene Zuschauerin geäußert und gleichzeitig jedoch eine sachkundige Perspektive der Entwicklung des rumänischen Theaters in den letzten dreißig Jahren seit der Revolution 1989 und bis 2019, als ich dem Verlag das Buch vorlegte, geboten.

Es tut mir leid, dass der Band nicht wie geplant ein echtes „amerikanisches Abenteuer“ erleben konnte, aber das Wichtigste ist, dass dieses Buch existiert. Es ist die erste Publikation über rumänisches Theater in englischer Sprache und noch dazu ist es bei einem renommierten, in akademischen Kreisen sehr geschätzten Verlag erschienen. Das Wesentliche ist, dass ich eine Informationslücke über das rumänische Theater geschlossen habe. Das war mein Hauptziel, der Grund, warum ich dieses Buch geschrieben habe, über das ich schon während meines Aufenthaltes als Gastforscherin an der New York University dank eines Fulbright-Stipendiums nachgedacht hatte. Damals bedauerte ich es sehr, dass ich meinen Kollegen, die sich über das rumänische Theater informieren wollten, kein Material auf Englisch empfehlen konnte.

Irina Wolf*: In der Zwischenzeit ist ein Jahr vergangen, in dem fast überall auf der Welt Theater mal geschlossen, mal geöffnet werden. Viele Produktionen werden online gezeigt. Was halten Sie als Theaterkritikerin von dieser Situation? Auf welche rumänischen Werke, die während der Pandemie kreiert wurden, würden Sie das deutschsprachige Publikum aufmerksam machen?*

Cristina Modreanu: Die Dynamik des Schließens und Öffnens von Theatern ist sowohl für Künstler als auch für Zuschauer äußerst frustrierend. Letztere wissen nicht mehr, wann sie etwas sehen können und wann nicht. Einige kaufen Karten, die nutzlos liegenbleiben, andere haben Angst, einen Theatersaal zu betreten... In der Zwischenzeit finde ich es interessant, dass es immer mehr Versuche gibt, Projekte online zu schaffen, und ich spreche nicht nur von Inszenierungen im traditionellen Sinne. Gleichermaßen glaube ich, dass die uninspirierteste Initiative dieses komplizierten Jahres darin bestand, Filmmaterial von schlechter Qualität online verfügbar zu machen, das eigentlich zu Archivierungszwecken und nicht zur Ausstrahlung erstellt wurde. Waren einige europäische Theater besser darauf vorbereitet, Produktionen online anzubieten, weil sie qualitativ hochwertige Aufnahmen besaßen, befanden sich die meisten Theater in Rumänien nicht in dieser Lage. Es dauerte Monate, bis Produktionen speziell für das Internet entwickelt wurden, bis Künstler es verstanden, dass es sich um ein anderes Kommunikationsmedium handelte, das eine andere Konvention mit dem Publikum voraussetzt. Von den von mir gesehenen Vorstellungen ist mir *Pool.No Water* in guter Erinnerung geblieben (Team: Radu Nica, Andu Dumitrescu, Vlaicu Golcea; Produzent: Ungarisches Staatstheater Klausenburg). Vor Kurzem hatte *Tag Z* Premiere (Regie: Bobi Pricop; Produzent: Staatstheater Constanța). Dann würde ich noch die Online-Serie *Fragile (fragile.live)* bestehend aus fünf Folgen erwähnen, die fünf weibliche Positionen unserer heutigen Gesellschaft beleuchten. Dieses Projekt wurde in der unabhängigen Szene mit der Schauspielerin Ioana Flora als Leiterin produziert. Sie war schon vor der Pandemie an Theaterfilmprojekten beteiligt, die die feine Grenze zwischen einer Live-Aufführung und der Ausstrahlung einer aufgezeichneten Produktion untersuchten. Ein weiteres interessantes Projekt ist dem neu gegründeten „Teatrul Improbabil" zuzuschreiben, das drei Audio-Produktionen von neuen Stücken junger Dramatiker erschaffen hat. Aus einem mit dem Theater zusammenhängenden Bereich möchte ich das einzigartige Projekt der Bühnenbildnerin Cristina Milea hervorheben. Sie nutzte die Pandemiekrise, um die Überschneidung zwischen Theater, Mode, Fotografie und Ökologie zu untersuchen, indem sie Theaterkostüme aus wiederverwertbaren Materialien schuf, Kostüme, die von Schauspielerinnen getragen und während aufwendigen Fotosessions fotografiert wurden. Das Ergebnis ist auf der Website „Sarltan.ro" sichtbar. Eine dieser Kreationen befindet sich auf dem Umschlag der ersten Ausgabe 2021 der „Scena.ro"-Zeitschrift.

Außerdem habe ich die Möglichkeiten der neuen Online-Szene aktiv getestet, indem ich für die 7. Ausgabe der Bukarester Internationalen Theaterplattform (PITB) das neue Stück von Alexandra Badea, *Red Line*, produzierte (PITB ist ein Festival, das vom 1. bis 4. Oktober 2020 unter dem Motto „Our House is on Fire" stattfand. – Anm. d. Ü.). Die Produktion wurde, ebenso wie das gesamte Programm der Plattform, online gezeigt. Das Motto wurde durch begleitende Diskussionen hervorgehoben. Das Thema ist 2021 äußerst aktuell und mehr als relevant, denn unser Haus – die Erde im weitesten Sinne, die Familie im engeren Sinne betrachtet – steht fast „in Flammen".

Irina Wolf: *Sie sind Gründerin des ARPAS-Vereins, der unter anderem das PITB-Festival und die „Scena.ro"-Zeitschrift initiiert hat. Wie schreibt man in dieser Katastrophenzeit über Theater?*

Cristina Modreanu: Ich möchte Ihre Frage zum Anlass nehmen, um zu sagen, dass ARPAS – Romanian Association for Performance Arts, im März dieses Jahres sein zehnjähriges Jubiläum feiert. Ich gründete diesen Verein 2011 gemeinsam mit meinen Kollegen Florentina Bratfanof, Casting-Direktorin, und Ciprian Marinescu, Kurator und Übersetzer neuer Theaterstücke aus dem Deutschen ins Rumänische. Im November 2010 endete meine Amtszeit als künstlerische Direktorin des Nationalen Theaterfestivals (FNT), während der ich auch den Grundstein für die Zeitschrift der darstellenden Künste „Scena.ro" gelegt hatte. Unser Trio hatte sich eine andere Festivalart gewünscht, weniger „festlich", kein „Schaufenster", sondern eine Plattform für einen echten Dialog mit den Zuschauern. Dieser Dialog wird durch die in der Zeitschrift publizierten Artikel fortgesetzt. Er öffnet Wege zu den Theaterszenen weltweit, um Produktionen, die in Rumänien ignoriert werden, über die Landesgrenzen hinaus bekannt zu machen. Wir hätten uns nie vorstellen können, dass wir uns nach einem Jahrzehnt, in dem wir Dutzende Projekte und sieben Festivaleditionen organisierten, vier Ausgaben der Zeitschrift pro Jahr sowie andere wichtige Bücher über darstellende Künste ins Rumänische übersetzten und veröffentlichten, sowie Kooperationsbeziehungen mit Künstlern aus ganz Europa, aus Großbritannien und den USA aufbauten, nun fragen müssen: „Was ist der Sinn des Ganzen?". Unabhängige Organisationen, die Kulturprojekte produzieren, sind in Rumänien immer noch unsichtbar. Der Staat subventioniert weiterhin große Theaterhäuser, die aus diesem Grund keine Probleme aufwerfen. Sie befassen sich nicht mit problematischen Themen, kritisieren nicht, nehmen keine Position ein, produzieren dafür aber leicht verdauliche Kost und realitätsfremde Inszenierungen. All das scheint niemanden zu stören. Seit Beginn der Pandemie haben unabhängige Künstler alle Unterstützungsnetzwerke verloren, mehrere unabhängige Theater haben sich aufgelöst, andere stehen kurz vor dem Verlust ihrer Spielstätte, weil sie die Miete nicht bezahlen können. Während dieser Zeit erhalten sie von den Behörden nur Zusagen ohne irgendeine Deckung. Zufälligerweise beantworte ich Ihre Fragen am 26. März 2021. Dieser Tag wurde in Rumänien zum „#ziuasupravietuirii“ (#tagdesueberlebens – Anm. d. Ü.) erklärt und ist von Protesten unabhängiger Künstler in mehreren Städten landesweit geprägt.

Um auf Ihre Frage zurückzukommen: Während der Pandemie schreibe ich über das Theater, indem ich über seine schwerwiegenden Probleme berichte, über die Gefahr, dass diese Kunst in vielen neoliberalen Gesellschaften auf das Niveau der einfachen Unterhaltung reduziert wird, obwohl sie das kritische Denken stärken soll. Ich schreibe darüber, wie wichtig es ist, dass Künstler ihr künstlerisches Bewusstsein bewahren und ihr Talent respektieren sollen, indem sie für die notwendigen Bedingungen kämpfen, um diese zwei Fähigkeiten weiterentwickeln zu können. Ich berichte auch über Produktionen, die während der Pandemie entstanden sind, aber auch darüber, wie Künstler beschlossen haben, ihre Arbeitsweise zu ändern. Veränderungen waren notwendig, wie es im Leben der Fall ist. Nichts kann nach dieser Zeit, die wir alle durchlebt haben und deren Ende noch immer nicht in Sicht ist, gleichbleiben.

Irina Wolf: *Die letzte bemerkenswerte Errungenschaft des ARPAS-Vereins ist die Gestaltung des* „Multimedialen Wörterbuchs des rumänischen Theaters (DMTR)“. *Wie kam dieses Projekt zustande? In welcher Phase befindet es sich, wie viele Phasen sind vorgesehen? Wird es eine Variante des Wörterbuchs auch in einer anderen Sprache als Rumänisch geben?*

Cristina Modreanu: Ich hatte dieses Projekt schon länger im Sinn und hatte eine Finanzierung beantragt. Wir erhielten zufällig kurz vor Beginn der Pandemie einen der beantragten Zuschüsse, also nutzten wir den Lockdown, um die ersten fünfzig Einträge zu erstellen. In der rumänischen Kultur wird seit dreißig Jahren über die Notwendigkeit gesprochen, ein Wörterbuch des rumänischen Theaters zu schaffen. Es gab auch einige Versuche, die aber nicht abgeschlossen wurden. Durch die Zusammenarbeit mit meinen Studierenden habe ich verstanden, dass sie kein physisches, sondern ein jederzeit online zugängliches Wörterbuch benötigen, um darin nicht nur die Ideen der anderen zu finden, sondern auch Materialien, auf deren Grundlage sie sich ein eigenes Bild über die Vergangenheit des rumänischen Theaters machen können. Für diese Studierenden und für die nachfolgenden Generationen haben wir das „Multimediale Wörterbuch des rumänischen Theaters" entworfen. Es handelt sich um ein vollständiges Online-Produkt mit dreidimensionalen Einträgen, was bedeutet, dass wir nicht nur Artikel inkludieren, die speziell für Theaterfachleute geschrieben wurden, sondern auch Fotos, Poster, Kostüm- und Bühnenbildskizzen, Briefe und andere eingescannte Materialien, Videoclips von Produktionen (falls verfügbar), Links zu Webseiten oder relevante Interviews.

Das Wörterbuch ist in zwei Kategorien unterteilt: Künstler und Inszenierungen. Für die erste Phase haben wir den Zeitraum 1950–1989 gewählt; anschließend werden wir die Zeitspanne nach 1990 berücksichtigen. Wir stehen noch am Anfang und bereiten derzeit neue Förderanträge vor. Wir hoffen, in diesem Jahr weitere fünfzig Einträge erstellen zu können, aber es gibt natürlich noch viel mehr zu erledigen. Es ist also eine langfristige Aufgabe, die wir uns vorgenommen haben. Wenn ich „wir" sage, meine ich ein Team von über zwanzig Theaterfachleuten jeden Alters aus ganz Rumänien. Einige haben geschrieben, andere haben die Studierendenteams koordiniert, die Materialien für die technischen Angaben jedes Wörterbucheintrags gesammelt, wiederum andere haben Korrektur gelesen, die Webseite gestaltet, Werbung gemacht oder mehrere Aufgaben gleichzeitig erledigt. Ich habe in diesem Projekt Seite an Seite mit der Professorin und Schriftstellerin Miruna Runcan gearbeitet, die selbst eine angesehene Forscherin der rumänischen Theatergeschichte ist, und deren Beitrag für das Projekt von wesentlicher Bedeutung ist.

Wir hoffen natürlich, dass es eine englische Version von DMTR geben wird, denn dies würde unserer Kultur eine zusätzliche Chance geben, in der Welt bekannt zu werden, aber das hängt von der Finanzierung ab. Ich möchte betonen, dass dieses auch ein unabhängiges Projekt ist, das keine staatliche Unterstützung hat. Die erste Phase war dank eines Zuschusses von der Verwaltung des nationalen Kulturfonds (AFCN) möglich, ansonsten verfügen wir nur über die logistische und fachspezifische Unterstützung der Babeş-Bolyai-Universität in Klausenburg und der Universität der Künste in Târgu Mureş, die von Anfang an unsere Partner waren. Ich greife daher auf die Idee zurück, dass die unabhängige Szene wesentliche Aufgaben des kulturellen Lebens in Rumänien übernimmt, durch Bildungsprojekte, durch Kunstinterventionen, durch Gemeinschaftsprojekte, die auch marginalisierten Kategorien, nicht zuletzt durch Projekte zur Erhaltung und Verbreitung von Archiven wie dieses „Multimediale Wörterbuch", eine Stimme verleihen. Trotz allem wird unsere Arbeit nicht anerkannt und nicht gewürdigt, obwohl subventionierte Institutionen es nicht schaffen, diese Arbeit zu machen, auch wenn sie über viel mehr Personal und finanzielle Ressourcen verfügen. Dieses Paradoxon ist ein bestimmender Charakterzug dieses alten, eingerosteten Kultursystems, das aufgrund der fehlenden Reformen nur schwer funktioniert, aber angesichts der Unfähigkeit der rumänischen Behörden, die Realität zu verstehen und Prioritäten zu setzen, widerstandsfähig gegen jede Veränderung ist. Dieses Paradoxon ist der Kern des Stillstands in der heutigen rumänischen Kultur.

Aus dem Rumänischen von Irina Wolf

Zuerst erschienen in der Online-Kulturzeitschrift „Aurora-Magazin", Ausgabe 6/2021.

Irina Wolf

Vorhang auf für ein Showcase aus Rumänien

Interdisziplinäres Programm mit Schauspiel, Tanz und Diskussionsrunden

Als erster rumänischer Showcase präsentierte sich „INDEPENDENT EXTERIOR 2021" ausschließlich online. Vom 3. bis 7. November stellte es fünfzehn erlesene Theater- und Tanzproduktionen der Bukarester unabhängigen Szene vor. Ein weiteres Vorhaben der Organisatoren war es, zehn Veranstaltungsorte und -institutionen der freien Szene einem internationalen Publikum bekannt zu machen. „INDEPENDENT EXTERIOR hat sich vorgenommen, eine Präsentationsplattform zu sein, die auf internationaler Ebene Künstler, Produktionen und Institutionen der rumänischen unabhängigen Performance-Branche fördert" (1), sagt Theaterregisseurin und Dramatikerin Catinca Drăgănescu, in deren Händen die künstlerische Gesamtleitung des Showcase liegt. Dass sich die erste Auflage nur auf die rumänische Hauptstadt konzentrierte, hat finanzielle Gründe, man sei jedoch bestrebt, in den nächsten Ausgaben das ganze Land abzudecken.

Austragungsorte, NGOs, Vereine, Festivals – eine Vielfalt von Produzenten

Ausgewählt wurden die Beiträge von der Theaterjournalistin, Übersetzerin und Kuratorin Raluca Rădulescu. „Die rumänische unabhängige Theaterszene hat eine fast 25-jährige Geschichte" (1), sagt Rădulescu und meint, dass in Bukarest die Zahl der freien Theater fast so hoch wie die der staatlich geförderten sei. In der Auswahl der Veranstaltungsorte finden sich unter anderem zentral gelegene private Theater wie das „Teatrul Luni de la Green Hours",

„Apollo111“ und „unteatru“ wieder, aber auch solche, die sich außerhalb der Stadtmitte befinden, zum Beispiel das „Centrul de Teatru Educaţional Replika“ oder das „Apropo“-Theater. Letzteres ist seit 2018 der einzige Austragungsort im wichtigen Industrie- und Geschäftsviertel Pipera.

„INDEPENDENT EXTERIOR“ hat sich nicht nur dem Theater verschrieben. „In den letzten Jahren erlebte der zeitgenössische Tanz in der Bukarester freien Szene einen regelrechten Boom“ (1), sagt Rădulescu. Tanzaufführungen werden in Theatern produziert (z. B. im „unteatru“ und dem „Teatrul Apropo“) oder in tanzspezifischen Räumlichkeiten wie „Linotip“. Performative Kunst wird im Allgemeinen auch von NGOs wie „Dialectic Center“ und „Tangaj Collective“ oder Festivals (z. B. „Caleido“) gefördert. Einen gesonderten Platz nimmt der Verein „O2G-Ofensiva Generozităţii“ ein, der seit 2013 die „Politische Theatersaison“ an verschiedenen Orten austrägt.

All die unabhängigen Theaterunternehmen und -gruppen setzen wichtige Impulse für Innovationen und Experimente in Kunst und Kultur. Besonders auffallend dabei ist, dass sämtliche Vereine und Spielstätten erst im letzten Jahrzehnt gegründet wurden. Eine Ausnahme bildet das „Teatrul Luni de la Green Hours“, das 1997 als erster privater Austragungs- und Produktionsort in der Jazz-Bar „Green Hours“ ins Leben gerufen wurde. Viele der ästhetischen Neuerer und jungen Talente, die das rumänische Theater belebt haben, wurden im intimen Kellertheater von der Presse entdeckt.

Frausein im Wandel der Zeit

Migration, Feminismus, Mängel im Gesundheitswesen sind nur einige der Themen, die die Aufmerksamkeit der Regisseure weckten. So setzte sich unter dem Titel *Cassandra* Leta Popescu mit dem Frausein auseinander. Auf humorvoll-ironische Weise untersucht das Stück des Kanadier-Duos Norah Sadava und Amy Nostbakken (Originaltitel *Mouthpiece*) die Dualität des Frauengehirns und die Mutter-Tochter-Beziehung. Leta Popescus Inszenierung im „Apollo111“-Theater überzeugt durch eine körperlich herausfordernde Choreografie. Zum Erfolg der Aufführung tragen auch die zwei hervorragenden Schauspielerinnen und nicht zuletzt ein bemerkenswertes Bühnenbild bei.

Mit der Komplexität des Frauseins beschäftigt sich auch *Bildungswoman*. Die Produktion des „Caleido"-Festivals verwebt zwei Texte – den der mexikanischen Dramatikerin Ximena Escalante (*Ich schreie von ganzem Herzen auf zum Himmel*) und den der nigerianischen Schriftstellerin Chimamanda Ngozi Adichie (*Liebes Ijeawele: ein weibliches Manifest in 15 Vorschlägen*) – mit den persönlichen Geschichten der Regisseurin Elena Morar sowie der zwei Schauspielerinnen miteinander, um unterschiedliche Frauenbeziehungen zu untersuchen. Die effektvolle Performance erkundet in Form einer aufsehenerregenden Collage von Theater- und Filmszenen die weibliche Identität. Mihaela Michailov und Radu Apostol, Gründer des „Centrul de Teatru Educațional Replika", nähern sich dem Thema Muttersein aus ganz unterschiedlichen Perspektiven an. Die One-Woman-Performance *Die ganze Stille der Welt* in Radu Apostols Regie, der auch für das Licht-Design verantwortlich zeichnet, dokumentiert ein paar Stunden im Leben einer alleinerziehenden Mutter.

Krisen und ihre gesellschaftlichen Folgen

Mutter lautet auch der Titel der Produktion des „Dialectic Center". Doch geht es im Text von Mihai Lukács mehr um das Leben in einer nach einer Katastrophe neu erfundenen Welt. Nach US-amerikanischem Muster lassen sich die Ursprünge dieses neuen Lebensraums auf Verschwörungen und Geldgier zurückführen. Mihai Lukács setzt seinen eigenen Text in eine Musiktheater-Performance mit leicht komischen Akzenten um. Die Gospel-ähnlich vorgetragene Musik von Maria Sgârcitu verstärkt auf subtile Weise die Tücken dieser vom spirituellen Kapitalismus geprägten Welt.

Als Gründer des Vereins „O2G-Ofensiva Generozității" widmet sich Regisseur David Schwartz bereits seit über einem Jahrzehnt wahren Begebenheiten der rumänischen Geschichte. Das zusammen mit Mihaela Michailov geschriebene Stück *Erhitzte Köpfe 2020* untersucht die Zerbrechlichkeit des Gesundheitssystems in unserer pandemischen Gegenwart. Dagegen verhandelt Catinca Drăgănescu in *Das Kampffeld* die Geschichte eines jungen Asiaten, der in Europa ein besseres Leben sucht. Nach *Rovegan* und *Good for Export* ist die Produktion von „unteatru" der letzte Teil von Drăgănescus Migrationstrilogie.

Catinca Drăgănescu beeindruckt mit zwei weiteren außergewöhnlichen Inszenierungen: Zwischen familiärer Bindung und politischem Gewissen schlägt *Moskau ruft an* einen Blick in die Geschichte des 20. Jahrhunderts vor. Julia Pospelowas Stück untersucht Swetlana Allilujewas Beziehung zu ihrem Vater Josef Stalin, vor dessen Macht sie in die Vereinigten Staaten geflohen war. Drăgănescus szenische Umsetzung im „unteatru" bietet dem Publikum ein intensives theatralisches Kinoerlebnis, in dem die Kamera zur Hauptfigur und die Rekonstruktion der Wahrheit ein individuell zu lösendes Rätsel werden. Ausgehend von Interviews und dokumentarischem Material präsentiert *DISCO '89 – Mihaela Runceanus 7 Todesarten* aus verschiedenen Blickwinkeln die letzten Tage der bekannten rumänischen Sängerin, bevor sie zwei Monate vor dem Sturz des Ceauşescu-Regimes in ihrer Wohnung brutal ermordet wurde. Auch diese Produktion des „Apollo111"-Theaters führt das Publikum in das 20. Jahrhundert zurück und konfrontiert die Zuschauer mit dem perfiden rumänischen Überwachungssystem.

Theaterdebüts, Tanz, Aspekte des Mannseins

Zu den (noch) unbekannten Regisseurinnen gehören Andreea Lucaci und Alina Tofan, die im Rahmen des Showcase ihre Debüts vorstellten. Versucht Alina Tofan in *Was ist Liebe? Baby, tu mir nicht weh* die Liebe zu definieren, widmet sich Andreea Lucaci der Zerstörung unseres Planeten. Letzteres ist eine musikalisch-komische Performance einer Gruppe von frisch gebackenen Absolventen, ausgetragen im „Teatrul Luni de la Green Hours". Besonders beachtlich ist die Leistung von Alina Tofan, die für Text, Regie und Bühnenbild verantwortlich zeichnet und zugleich auch in *Was ist Liebe? Baby, tu mir nicht weh* mitspielt.

Vier aktuelle Tanzproduktionen waren ebenfalls Teil des Showcase, darunter zwei One-Woman-Tanzshows: *Katastrophe* von und mit Andreea Gavriliu und *Umgekehrter Diskurs* von und mit Ioana Marchidan. Die kollektive Kreation *Jenseits des Spiegels* erforscht mit poetisch-musikalischen Ausdrucksformen das Körperbild in unserer Gesellschaft. Radu Popescu, Gründer und Leiter des „Apropo"-Theaters, zeichnet für Dramaturgie und Regie verantwortlich. Koproduktionen des zeitgenössischen Tanzes entstehen in Bukarest auch mit Unterstützung des staatlich finanzierten Nationalen Tanzzentrums. *Töchter* von Simona Deaconescu ist so eine Zusammenarbeit mit „Tangaj Collective". In dieser spartenübergreifenden Tanz-Theater-Produktion auf Rollschuhen geht es um das wiederkehrende Thema Frausein und auch um den Generationenkonflikt.

Einen Kontrapunkt zum Feminismus bildet *Medea's Boys*. Ausgehend von Euripides' Stück verhandelt Autor Ionuţ Sociu in seiner Dekonstruktion der Argonauten-Legende und der Geschichte des Goldenen Vlieses Männer-Themen wie Verletzlichkeit, Machismo und Frauenfeindlichkeit. Andrei Măjeris hochgelobte Inszenierung im „Apollo111"-Theater ist die einzige der im Rahmen des Showcase gezeigten Produktionen, die vor dem Ausbruch der Pandemie entstand.

Die erste Ausgabe von „INDEPENDENT EXTERIOR", eine von „Idea77"[1] ins Leben gerufene Präsentationsplattform, zeigte herausragende Arbeiten, die jenseits des klassischen Stadttheaterapparates produziert wurden und dabei vor allem durch ästhetische Alternativen und Ansätze das Theater als Medium getestet, erweitert und befragt haben. Täglich auf Zoom ausgestrahlte Diskussionen ergänzten das Programm. Weitere Informationen zu „INDEPENDENT EXTERIOR" gibt es auf der Webseite https://independentexterior.eu/

Zuerst erschienen in der Online-Kulturzeitschrift „Aurora-Magazin", Ausgabe 1/2022.

1 „Idea77" ist ein von Catinca Drăgănescu und Alina Dumitrache 2020 gegründeter Verein. Vom humanistischen Manifest „Charta77" inspiriert versuchen die Initiatorinnen dadurch eine ethische Haltung gegenüber der Gesellschaft bzw. dem Theater einzunehmen.

Quelle

(1) https://independentexterior.eu/en/about/, aufgerufen am 15.11.2021.

Weiterführende Links

http://www.aurora-magazin.at/medien_kultur/wolf_apoll_frm.htm

http://www.aurora-magazin.at/medien_kultur/cintec_unteatru_frm.htm

https://www.theatrescu.com/projekte/schwerpunkt-rumaenische-zeitgenoessische-regisseure/leta-popescu-ohne-schauspielerinnen-bin-ich-eine-null/

http://www.aurora-magazin.at/medien_kultur/wolf_roman_frm.htm

http://www.aurora-magazin.at/medien_kultur/grigorescu_dragan_frm.htm

http://www.aurora-magazin.at/medien_kultur/plesea_gavriliu_frm.htm

https://www.theatrescu.com/projekte/schwerpunkt-rumaenische-zeitgenoessische-regisseure/andrei-majeri-die-gegenwart-der-tragoedie/

Neue Initiativen

IRINA WOLF

Bahnbrechende, von der Stadt geförderte Theater

Doch nicht nur die freie Szene ist einem ständigen Wandel ausgesetzt. Das auf einer modularen Struktur und dem Format eines künstlerischen Cafés basierende „Teatrelli“ öffnete 2014 seine Pforten. „Teatrelli“ ist ein Projekt des Bukarester „CREART – Centrul de Creaţie Artă şi Tradiţie“. Der im Herzen der Hauptstadt gelegene interdisziplinäre Kulturraum widmet sich den darstellenden Künsten. Hier treffen Theater und andere Kunstbereiche von Tanz und Musik bis hin zu fortschrittlicher Technologie und Konzeptkunst aufeinander. Innovationen, kollektive Kreationen und laborartige Aufführungen werden von „Teatrelli“ ermöglicht. Die rumänische Version des audiogeführten Stadtspaziergangs *THE WALKS* der vielfach ausgezeichneten Berliner Gruppe „Rimini Protokoll“ ist in Kooperation mit „CREART/Teatrelli“ entstanden. Die 2021 während der Pandemiezeit entwickelte Arbeit besteht aus einer zehnteiligen Sammlung von je zwanzigminütigen Kurzhörspielen als App für Smartphones. Das Repertoire von „Teatrelli“ umfasst klassische Theaterproduktionen, in denen bekannte rumänische Darsteller auftreten, und Musicals mit jungen Schauspielern. Zudem werden monatlich Konzerte von Jazz bis hin zu klassischer Musik veranstaltet.

Von der Stadt Bukarest wird auch das 2018 gegründete „Teatrul Dramaturgilor Români“ finanziell unterstützt. Grund dafür ist ein wachsendes Interesse der Theaterbranche, Stücke der zweiten Hälfte des 20. Jahrhunderts von Dramatikern wie Ion Băieşu, Marin Sorescu, Teodor Mazilu wiederzubeleben. Zudem stehen auf dem Programm auch Texte zeitgenössischer rumänischer Autoren. Namhafte Regisseure wie Mihai Măniuţiu, Victor Ioan Frunză, Horia Suru, Alexa Visarion haben hier inszeniert.

Theater hat Tradition im Szeklerland

Eine weitere Institution, die vom Stadtrat gefördert wird und in den letzten Jahren immer mehr in den Vordergrund gerückt ist, ist das Theater „Andrei Mureşanu" (TAM) in Sfântu Gheorghe. TAM ist Hauptorganisator von kulturellen Veranstaltungen für die rumänische Minderheit in der Region, in der ethnische Rumänen 30 % und ethnische Ungarn 70 % der Bevölkerung ausmachen. Bis 2015 teilte sich das TAM den Saal mit dem ungarischen Theater „Tamási Áron". Mit einer neuen Spielstätte und der im selben Jahr ernannten neuen Direktorin Anna Maria Popa scheint TAM fast dreißig Jahre nach seiner Gründung in eine neue Phase seiner Existenz eingetreten zu sein. „Inzwischen haben wir ein solides Repertoire geschaffen, Abonnements wieder eingeführt und sind zu einem wichtigen Treffpunkt für unsere Gemeinschaft geworden" (1), sagt Popa. Zu den bemerkenswerten Produktionen von TAM zählen *Der goldene Drache* von Roland Schimmelpfennig (Regie Catinca Drăgănescu, 2019), *Romacen – die Hexenzeit* (Text Mihaela Drăgan, Regie Tina Turnheim, 2019) und *Über Menschen und Kartoffeln* (Konzept und Regie Radu Afrim, 2018). Weitere junge Regisseure wie Carmen Lidia Vidu, Ioana Păun, Vlad Massaci haben am TAM inszeniert. Während der Pandemie war TAM das erste Theater in Rumänien, das 2020 in die Welt der Virtual Reality mit *Einer flog über das Kuckucksnest* in der Regie von Eugen Gyemant eingestiegen ist. Derselbe Regisseur inszenierte in der Saison 2021–2022 Shakespeares *Richard III*, diesmal aus einer doppelten Perspektive: sowohl live auf der Theaterbühne aufgeführt als auch als VR360-Version gestreamt.

Kurz nach ihrer Ernennung zur Direktorin gründete Anna Maria Popa das „DbutantT"- Festival „als Ort der Begegnung zwischen Schauspielern, Regisseuren, Bühnenbildnern, Choreografen, Dramatikern, Theatermusikkomponisten, die am Anfang ihrer Karriere stehen" (2). Die erste Ausgabe war ein unerwarteter Erfolg, der dem Theater den Preis für das „Kulturereignis des Jahres 2016" brachte. Die vierte Auflage fand in einem neuen Format statt und wurde von TAM in Partnerschaft mit dem Staatstheater Constanţa organisiert. Die während der fünf Festivaltage in der Hafenstadt am Schwarzen Meer live gezeigten Produktionen konnten landesweit online im Streaming mitverfolgt werden (3).

Kultur blüht auf an der Schwarzmeerküste

Obwohl das Staatstheater Constanţa 1951 gegründet wurde, war es im 21. Jahrhundert im rumänischen Kulturbetrieb wenig sichtbar. Das sollte sich 2019 mit der Ernennung des Regisseurs Erwin Şimşensohn als Intendanten grundsätzlich ändern. Die Verjüngung des Schauspielensembles und die Vervielfältigung des Repertoires führten dazu, dass das Theater dieser 300.000-Einwohner-Stadt – auch als Ort, in dem der aus Rom verbannte Dichter Ovid starb, bekannt – rasch in den Fokus der Theaterszene rückte.

Neben klassischen Aufführungen besticht die Institution mit der Bereitschaft zu Experimenten. Während der Corona-Pandemie widmete sich das Theater unter anderem einer Hybridproduktion. *Tag Z* entpuppte sich als Online-Live-Montage und -Übertragung aus dem Saal des Staatstheaters und einem fahrenden Auto. Regisseur Bobi Pricop und sein Team leisteten eine herausragende, innovative Arbeit. Nicht umsonst gewann die Produktion 2022 den UNITER-Preis für bestes Teleplay-Theater. Eine weitere preisgekrönte Inszenierung des Repertoiretheaters ist *Die Schaukel*. Für die Bühnenumsetzung von Edna Mazyas Stück wurde Regisseurin Diana Mititelu 2021 mit dem UNITER-Preis für Regie-Debüt ausgezeichnet. Mit der Premiere von *#Sicherheitsnadeln* (*#acedesiguranţă*) im Januar 2022 wurde der digitale Innovationsweg der Kulturinstitution fortgesetzt. Das Format der von Bobi Pricop vorgeschlagenen Theater-Installation ist einzigartig: Die Aufführung findet gleichzeitig online im TikTok-Netzwerk und in vier Theatern statt: im „Marin Sorescu"-Nationaltheater in Craiova, im Theater „Andrei Mureşanu" in Sfântu Gheorghe, im Staatstheater Constanţa und im „Teatrul de Nord" in Satu Mare. Schauspieler führen durch Geschichten von sieben Teenagern, die virtuell an der Show teilnehmen.

In seiner Bestrebung, eine enge Verbindung zur Stadtgemeinschaft herzustellen, gründete Intendant Şimşensohn 2022 die „Sommersaison der darstellenden Künste – SEAS" („Stagiunea Estivală a Artelor Spectacolului"), die wegen der Sanierung des Theatergebäudes seit 2021 kuratorisch gut durchdacht werden musste. So wurden hauptsächlich Veranstaltungen selektiert, die sich als Aufführungen im Freien eigneten. Wie auch in den letzten Jahren diente die im Archäologischen Park Constanţa errichtete Bühne als ideale Freilichtbühne. Bei seiner ersten Auflage brachte das Festival fast dreißig Theater aus dem ganzen Land zusammen. Auch das „Mihai Eminescu"-Nationaltheater aus Chişinău nahm mit *Der namenlose Stern* von Mihail Sebastian am Festival teil. Zwei Monate lang zeigten die Festspiele achtunddreißig Theater- und Musikproduktionen, Jazzkonzerte und Improvisations-Shows. Dass die Veranstaltungen sich eines großen Zuspruches erfreuten, bewiesen zahlreiche Gymnasiasten, die als Freiwillige das SEAS-Team unterstützten.

Mit den Veränderungen Schritt halten in Piatra Neamţ

Einen Dialog mit der Bevölkerung der Stadt und vor allem mit den Jugendlichen zu führen, hat sich auch Gianina Cărbunariu vorgenommen. 2017 übernahm die 45-Jährige, im europäischen Raum bekannte Regisseurin und Dramatikerin die Leitung des „Teatrul Tineretului" in Piatra Neamţ. Das Theater gilt als Wahrzeichen der Stadt und hat 2018 seinen 60. Geburtstag gefeiert. Hier haben die erfolgreichsten Schauspieler und Regisseure des Landes ihre Karriere begonnen.

Die meisten Stücke, die am „Teatrul Tineretului" geboten werden, haben einen Bezug zur gegenwärtigen Lage in Europa und der Welt. Auch das vom Theater organisierte Festival, das allererste internationale Theaterfestival in Rumänien, kann auf eine 33-jährige Geschichte zurückblicken. Die Festivalauflage vom 5. bis 18. September 2022 war ebenfalls von dramatischer Aktualität. Produktionen aus sieben Ländern (Ukraine, Republik Moldau, Estland, Lettland, Ungarn, Frankreich, Deutschland) wurden zu den Festspielen eingeladen. „146 Kilometer" hieß das Thema der diesjährigen Ausgabe. So viel misst die Entfernung zwischen dem „Teatrul Tineretului" in Piatra Neamţ und dem Siret-Grenzübergang zur Ukraine. Als besonderer Programmpunkt des Festivals gilt die Vergabe des Preises für die „für die junge Generation als relevanteste erachtete Produktion". Dabei bestimmt eine Jury aus Gymnasiasten den Preisträger.

2018 hat Cărbunariu ein Kreativlabor eingerichtet, in dem jährlich an einem Stück für ein junges Publikum gearbeitet werden soll. Außerdem wurde das künstlerische und technische Team mit zehn Gymnasiasten, die an den

Proben teilnehmen dürfen, verdoppelt. Ein Gewinn für beide Seiten! Im Bereich des Theaterpädagogischen ist auch der von verschiedenen Theaterkritikern koordinierte Workshop *Der kritische Zuschauer* eingeführt worden, der sich auf die Rezeption von Aufführungen konzentriert. Auch in den Städten und Dörfern der Region ist das „Teatrul Tineretului" tätig: Zusammen mit dem Soziologen Valer Simion Cosma veranstaltet es kreative Workshops (4).

Während der Pandemie hat die Intendantin die Herausforderungen glänzend gemeistert. Räume wurden gefunden, die die Künstler inspirierten und herausforderten, um Zuschauer anzusprechen, die bislang noch nicht im Theater waren. Aus dem Wunsch, mit den Schauspielern in einer Art Labor zur Erforschung des Dialogs zwischen Körper und Außenarchitektur des Theaters zu arbeiten, entstanden die Produktionen *Fortsetzung folgt. Performativer Leitfaden für den Zuschauer* und *Fortsetzung folgt. Auf dem Spiegelplaneten.* Gleichzeitig nahm man sich vor, in einen Dialog mit Menschen, die zufällig die Straße entlang gingen, zu treten und diese damit in Zuschauer zu verwandeln (5). Nach den ersten Aufführungen hatten Passanten sich daran gewöhnt, zum Zeitpunkt des Vorstellungsbeginns in der Gegend zu verweilen und Verwandte und Freunde mitzubringen.

Fazit: Im Allgemeinen erlebt die Theaterszene in Rumänien eine ständige Weiterentwicklung. Mit dem Tod von Alexandru Darie (Intendant des traditionsreichen „Bulandra"-Theaters in Bukarest) 2019 und dem unerwarteten Ableben von Ion Caramitru (über 15 Jahre Direktor des Nationaltheaters Bukarest) 2021, sind grundlegende Änderungen auch an den großen staatlich geförderten Bühnen zu erwarten. Vor allem aber kämpft die Theaterbranche noch immer damit, eine Neugestaltung des Systems herbeizuführen. Man kann nur hoffen, dass dies bald geschieht.

Quellen

(1) „Scena.ro", Nr. 35-2017, S. 11.

(2) https://mesageruldecovasna.ro/nagy-botond-castigatorul-festivalul-national-de-debut-regie-dbutant/, aufgerufen am 10.06.2022.

(3) https://www.actmedia.eu/daily/eight-shows-to-compete-in-5th-edition-of-dbutant-national-drama-festival-final/88074, aufgerufen am 10.06.2022.
(4) https://www.scena9.ro/article/gianina-carbunariu-spectacole, aufgerufen am 10.06.2022.
(5) https://www.theatrescu.com/projekte/schwerpunkt-rumaenische-zeitgenoessische-regisseure/gianina-carbunariu-in-diesen-ungewoehnlichen-pandemiezeiten-koennen-wir-wichtige-dinge-schaffen/, aufgerufen am 10.06.2022.

Weiterführende Links:

https://teatrelli.com/
https://teatruldramaturgilor.ro/
https://www.tam.ro/
https://www.teatruldestatconstanta.ro/
https://www.teatrultineretului.ro/

Oltița Cîntec

Theatergründung in der Südbukowina

Die Gründung eines neuen Theaters im überwiegend staatlichen rumänischen System scheint ein schwieriges Unterfangen zu sein. Denn dies verlangt eine Neuschaffung von Grund auf und einen erheblichen finanziellen Aufwand. Wenn aber die Gemeinschaft, deren kulturelle Bedürfnisse befriedigt werden sollen, der Idee positiv gegenübersteht, wird das Vorhaben der lokalen Entscheidungsträger zum Ausgangspunkt eines spannenden Abenteuers. Genau das ist in Suceava (dem Zentrum der heute rumänischen Südhälfte der Bukowina – Anm. d. Ü.) am 24. September 2015 geschehen, als auf Beschluss des Stadtrats das „Teatrul Municipal ‚Matei Vişniec'"[1] gegründet wurde. Der Name des in der Gegend geborenen, vor der Revolution 1989 nach Frankreich emigrierten und inzwischen weltweit bekannten Dramatikers steht als Garant für Orientierung an aktuellen Theaterformen.

Nach Vollzug des Verwaltungsaktes begann die Auswahl der Ensemblemitglieder und die Schaffung eines sowohl von den Ortsansässigen als auch von der rumänischen Theatergemeinschaft geschätzten Repertoires. Die Zielsetzungen waren ambitioniert und sollten zur nationalen und internationalen Sichtbarkeit der Institution beitragen. Die Managerin, die sich den ehrgeizigen Zielen verschrieb, war Carmen Steiciuc, eine mit dem lokalen kulturellen Umfeld vertraute Dichterin. Für die Spezialisierung im Theaterbereich belegte Steiciuc ein Studium der Theaterwissenschaften an der Nationalen Kunstuniversität „George Enescu" in Iaşi. Bedauerlicherweise ist sie 2021 in jungem Alter an Covid-19 verstorben. Doch ihr Projektmanagement zeigt bis heute seine Wirkung: „Der Auftrag des „Teatrul Municipal ‚Matei Vişniec'" in

1 In Suceava wurde zwischen 1984 und 1990 vorübergehend eine Zweigstelle des Nationaltheaters „Vasile Alecsandri" aus Iaşi betrieben, die einzige Form einer professionellen Theaterinstitution in der Stadt.

Suceava besteht darin, zur kulturellen Entwicklung der Gemeinde beizutragen, den Bedarf an qualitativ hochwertigem Theater zu decken und dabei sowohl die Tradition der rumänischen Szene als auch zeitgenössische Trends zu berücksichtigen. Zur Umsetzung sind nonverbale, visuelle, musikalische, moderne und innovative Theater- und Tanzproduktionen einzuplanen. Neben der Hauptbühne sollen auch unkonventionelle Räume bespielt werden. Zudem sind weitreichende Theateraktivitäten vorzusehen, die eine ständige Präsenz der Institution im lokalen nationalen Umfeld sowie im europäischen und internationalen Kulturkreis gewährleisten“[2], so die Erläuterung des Projekts.

In den ersten Jahren seines Bestehens war ich als Beraterin des Theaters tätig und auch als ehrenamtliches Mitglied des Künstlerischen Rates engagiert. Ferner war ich Teil der Wettbewerbskommission zur Besetzung der Planstellen. Es ist nicht einfach, ein stabiles Schauspielensemble zusammenzustellen. Als Erstes wird Wert auf die Schauspielkunst gelegt, doch auch eine ausgewogene Balance zwischen Gattungen, Altersgruppen und künstlerischen Typologien gilt als erstrebenswert. Der Stellenplan umfasste von Anfang an zehn Positionen mit unbefristeten Verträgen, die von jungen Absolventen der Schauspielfakultäten aus Bukarest, Iaşi, Târgu Mureş besetzt wurden. Für die fünfzehn Techniker waren die Personallösungen komplizierter. Da in Rumänien keine Spezialisierungen dieser Art existieren, qualifizieren sich die Bühnentechniker direkt am Arbeitsplatz.

Obwohl Suceava – eine Stadt mit fast 100.000 Einwohnern – traditionsgemäß über vielfältige kulturelle Angebote verfügt, wird das ganze Jahr über nur religiöser und damit verbundener gastronomischer Tourismus betrieben (die zahlreichen in der Gegend vorhandenen Moldauklöster sind UNESCO-Weltkulturerbe – Anm. d. Ü.). Eine avantgardistische Ästhetik war von Anfang an das Bestreben des neugegründeten Theaters. Innovative Visionen zu präsentieren, war eine der Bedingungen des Dramatikers Matei Vişniec, als er akzeptierte, dass die Institution seinen Namen tragen sollte.

Die Performance *Vorhang auf!* – eine im Hauptsaal aufgeführte und von der universellen Dramatik inspirierte Szenen-Collage sowie *Die städtischen Fabelbücher* von Horia Gârbea und *Der Nachtzug* von Ioan Groşan, zwei un-

2 Steiciuc, Carmen (2015). *Projektmanagement-Heft*, S. 48.

ter freiem Himmel gezeigte Produktionen, beide in der Regie von Octavian Jighirgiu, bildeten das Vorspiel zur offiziellen Eröffnung im Dezember 2016. Spielstätte des „Teatrul Municipal ‚Matei Vişniec'" ist ein für Theaterzwecke angepasster Kinosaal mit einer Kapazität von 250 Plätzen. Hier erfolgte der Auftakt mit der Produktion *Der Tiger in unserer Stadt* von Gianina Cărbunariu. Die multimediale Dimension von Bobi Pricops Inszenierung ergab sich aus Projektionsmapping, vor allem aber aus dem Zusammenspiel von Hologrammen und echten Schauspielern (Bühnenbild: Adrian Damian).

Schon 2016 fand die erste Teilnahme am „Internationalen Theaterfestival für junges Publikum" in Iaşi mit der Outdoor-Show *Die Bücher* statt. Dank der künstlerischen Qualität der Produktionen sowie ihrer Innovations- und Experimentierfreude folgten immer öfter Einladungen zu Festspielen landesweit. Rückblickend war 2018 das produktivste Jahr der Institution. Die Anzahl der Festivalteilnahmen ist beeindruckend: mit *3 Schwestern* nach Tschechow (Regie: Catinca Drăgănescu) am „Fest(in)" in Bukarest, mit *Katzen* (eine Konzert-Performance der Gruppe „Ohne Zucker") und *Mimesis* am „Internationalen Theaterfestival für junges Publikum in Iaşi, mit *Unter Wasser* von Ella Carmen Greenhill (Regie: Sebastian Marina) am Festival „DbutanT" in Sfântu Gheorghe, mit *Katzen* am „Festival der zeitgenössischen Dramatik" in Kronstadt und am „Internationalen Festival" in Piteşti. Im selben Jahr arbeitete der französische Regisseur Alain Timar mit dem jungen Theaterensemble an der Bühnenumsetzung von Eugène Ionescos *Die Nashörner*.

Eines der künstlerischen Ziele des neuen Theaters war es, Aufführungen in rumänischer Sprache in der Republik Moldau und in der Ukraine zu zeigen. Im Oktober 2018 fand die erste Tournee zum internationalen Theaterfestival „10x10=100 Jahre: von national zu universell" in Chişinău statt. Das Theater aus Suceava präsentierte bei den vom Nationaltheater „Satiricus I. L. Caragiale" in der Republik Moldau organisierten Festspielen die Produktionen *Albern im Mondlicht* von Teodor Mazilu (Regie: Anca Bradu) und *Kebab* von Gianina Cărbunariu (Regie: Daniel Iordan). Die rumänische Minderheit in der Ukraine durfte sich der Adaption nach *Joyeuses Pâques* von Jean Poiret (*Gute Nacht, Papa!*, Regie: Alexandru Grecu), die am Olha-Kobyljanska-Theater in Czernowitz im September 2019 auf Rumänisch mit ukrainischen Untertiteln gezeigt wurde, erfreuen.

Die Saison 2018–2019 brachte die erste Tournee nach Westeuropa. Auf Einladung des Rumänischen Kulturinstitutes in Paris wurde im Rahmen der Rumänien-Frankreich-Saison im Byzantinischen Saal des Béhague-Palastes (Residenz des rumänischen Botschafters in der Französischen Republik) gespielt. Auf dem Programm standen fünf Aufführungen von *Katzen*, *Albern im Mondlicht* und *Kebab*, die anschließend in Suceavas Partnerstädten Laval und Changé gezeigt wurden.

Fünf Premieren, 89 Vorstellungen, 11.000 Zuschauer zählte die Spielzeit 2021–2022. Höhepunkt der Theatersaison war das internationale Festival „Die Tage des Matei-Vişniec-Theaters". Das Programm zum Thema „Wiederauffrischung des Gedächtnisses" umfasste Produktionen aus Frankreich, der Ukraine und der Republik Moldau. Die Gastgeber eröffneten mit der Premiere *Die Rückkehr nach Hause*. Das 2001 vom Namensgeber des Theaters publizierte Stück (Originaltitel *Requiem* – Anm. d. Ü.) behandelt auf symbolische Weise ein äußerst aktuelles Thema: die Rückkehr der Toten vom Schlachtfeld in die Heimat. Regisseur Botond Nagy arbeitete mit einem Team von sieben sehr jungen Schauspielern zusammen und schaffte eine intensive, moderne Inszenierung, die durch Russlands Krieg in der Ukraine an zusätzlicher künstlerischer Spannung gewinnt.

Seit 2016 hat das „Teatrul Municipal ‚Matei Vişniec'" ein solides Repertoire von dreißig Produktionen aufgebaut, die durch Qualität und Vielfalt beeindrucken. Die einzige professionelle Theater-Institution in der Südbukowina hat es in nur sieben Jahren – davon zwei erschwert durch die Corona-Pandemie – geschafft, sich einen Platz in der nationalen Theaterlandschaft zu sichern und eine erhöhte Sichtbarkeit auf europäischer Ebene sowohl im Osten als auch im Westen zu erzeugen.

Aus dem Rumänischen von Irina Wolf

Weiterführende Links:

https://www.teatrulmateivisniec.ro/

Daniela Şilindean

Inter- und transdisziplinäre Kulturprogramme

In Temeswar laufen die Vorbereitungen für die Europäische Kulturhauptstadt 2023 auf Hochtouren. Das Programm umfasst Angebote, die für die Bezirke der Stadt und mit ihnen gemeinsam entwickelt werden, für alle Altersgruppen, für die Integration von schutzbedürftigen Personengruppen bis hin zur Verbreitung des „Lichts“ sowohl in der Innenstadt als auch in den Randbezirken. Die in den folgenden Zeilen erwähnten Initiativen zielen auf ein oft begehrtes Publikum ab, das von kulturellen Institutionen nur schwer in die Säle zu locken ist. In umgekehrter chronologischer Reihenfolge beginne ich mit dem Projekt „360 CONNECT“, um mich dann den „Kulturaktionen @ UMFT“ zu widmen.

„360 CONNNECT“ wird über das Projektzentrum der Kreisstadt Temeswar finanziert, eine Struktur, über die das Bürgermeisteramt auch die Vereinbarungen für die Europäische Kulturhauptstadt umsetzt. „360 CONNECT“ ist ein Projekt für und mit Studierenden der vier staatlichen Universitäten in Temeswar. Von Anfang an plante ich transdisziplinäre Arbeiten, die auf das Kennenlernen des Nächsten abzielen. Verschiedene Lebenswelten und Energien werden zusammengebracht, Arbeitskontexte in Teams geschaffen, die Innovation, Diversität, Kreativität fördern. Das Angebot umfasst ein Theaterlabor, Workshops für kreatives Schreiben, Gestaltung von Ideen und Robotik sowie Diskussionen, die Menschen aus den unterschiedlichsten Bereichen gegenüberstellen und in „hot chair cross-disciplinary talks“ herausfordern.

Kulturelle Aktivitäten außerhalb des Lehrplans an der Medizinuniversität

Auf die oben genannte Zusammenführung von Kulturaktivitäten und Medizin stößt man nur selten, denn wir sind gefangen in schädlichen Paradigmen, in denen Bereiche getrennt werden und die Konzentration auf eine einzige Studienrichtung beschränkt ist. Die neuen Prämissen in der Bildung bringen die Transdisziplinarität erneut zur Diskussion sowie Konzepte, die auf einem vernünftigen Zusammenschluss von Bereichen beruhen. Diese Ansätze werden von den großen medizinischen Hochschulen bereits angewandt. Sie bieten passende Kurse über Kunst in einem medizinischen Kontext an. Das von mir vorgeschlagene Kulturprogramm wurde von der Leitung der Universität für Medizin und Pharmazie „Victor Babeş" in Temeswar mit großer Offenheit angenommen. Meine Anregung basiert auf früheren Kulturaktivitäten und auf dem erhaltenen Feedback. Die Studierenden reagierten sehr gut auf verschiedene kreative Übungen und kulturelle Herausforderungen, zeigten Offenheit, Neugier und ausdauerndes künstlerisches Interesse.

Das Projekt „Kulturaktionen @ UMFT" startete am 11. März 2022. Es ist als Ausdrucksraum zur Kultivierung der künstlerischen Sensibilität und Empathie, der Leidenschaft für Schönheit, des interkulturellen Dialogs und kritischen Denkens konzipiert. Es wurde die Wichtigkeit einer Beteiligung betont. Die Angebote ergründen diverse Bereiche: der Literatur, des Theaters oder der bildenden und plastischen Kunst. Zum bisherigen Angebotsumfang gehören: *Drum the Drama* – Theaterworkshop, *Live@the Museum* – Kulturvermittlung, *LiteraTURA* – Treffen mit Schriftstellern und *Dincolo de scena* – Blog-Kulturaktionen (*Jenseits der Bühne* – Anm. d. Ü.). Ich betrachtete das Konzept als eine Selbstverständlichkeit, um die Aufmerksamkeit der Medizinstudierenden anzuregen. Zur Umsetzung trug ein über die Monate gewachsenes Team bei. Mit Begeisterung reagierten die Studierenden auf das Angebot. Als organische Erweiterung werden ab Herbst weitere Aktionen wie *Word it* – kreatives Schreiben, *Book a book* – Leseklub, *Human Library*, *Expo* – Foto-, Collagen-, Gemäldeausstellungen geboten.

Mitten im Geschehen sein – *Drum the Drama*

Als erster Programmpunkt fand der wöchentliche Theaterworkshop *Drum the Drama* statt. Nach der Pandemie ist ein großes Bedürfnis nach Zusammenkunft entstanden. Schon während des ersten Treffens fielen die Masken, eine nach der anderen, nachdem sich die Teilnehmer immer mehr an den gemeinsam gestalteten Raum und an das Zusammensein gewöhnten. Als Einleitung gab es Übungen zur Beobachtung und Wahrnehmung, und dazu Aufgaben zum besseren Verstehen des geschaffenen Raumes sowie zur Bewusstseinsbildung. Weiterhin wurde der Fokus auf die szenische Beziehung zum Raum gelegt. Ausgangspunkte waren die Stille und die Gestik. Ich baute auf Situationen minimaler Dialoge auf, setzte Stichworte – in den unterschiedlichsten Kontexten – sinnvoll ein, achtete auf Aussprache und Nuancen, aber auch auf die Rolle der Spontaneität in der Beziehung zum Bühnenpartner. Improvisationsspiele zielten darauf ab, einen Arbeitsrahmen zu schaffen, in dem die Natürlichkeit zur zweiten Natur wird, unterstützt durch das aktive Zuhören, um Informationen zu filtern und diese in einen künstlerischen Kontext zu setzen. Ferner wurde auch mit der Stimme und anschließend mit dem Körper experimentiert – ebenfalls in dem Versuch, Ausdrucksressourcen zu finden und Wege zu testen, mit denen wir funktionieren können.

Mit literarischen Texten wurde das Spektrum erweitert. Erste Übungen gingen von Gedichten von T.S. Eliot und Matei Vişniec aus. Eine regelrechte Kreativitätsexplosion zur Lösung von Bühnensituationen war die Folge. Dabei wurde der Text beibehalten und nur die Kontexte wurden ständig geändert. Anschließend konzentrierten wir uns auf dramatische Texte, auf kurze Szenen aus Theaterstücken, die uns einen feineren Leitfaden für das Verhältnis zwischen Wort, Stille und Bewegung lieferten. Auch eigene Kreationen und Dramatisierungen wollten getestet sein. So erreichten wir das Maß des Wesentlichen, den Zustand, in dem der Text als Instrument dient, auch unter Verwendung des Geschichtenerzählens. Wir haben viel herumprobiert und Erfahrungen gesammelt. Es gibt bereits einen harten Kern – eine ausgebildete, enthusiastische, leidenschaftliche und ernsthafte Theatergruppe. Für die Zukunft ist eine Theateraufführung geplant, um einerseits die Phase des Sondierens abzuschließen und die Phase der Festigung und Vertiefung zu beginnen.

Die Literaturreise – LiteraTURA

Einer der Programmschwerpunkte war, sich in zeitgenössische, qualitativ hochwertige Literatur einzulesen und Schriftstellern zu begegnen. Ausgangspunkte waren die Gewohnheit und Natürlichkeit des Dialogs. Bisher ergaben sich Begegnungen mit drei Gastautoren. Im Allgemeinen beabsichtigte dieser Programmpunkt, den Studierenden einen Einblick in den kreativen Prozess der Schriftsteller zu gewähren. Ein immer wieder faszinierendes Erlebnis! Die Fragen der Moderatoren, die hemmungslose Neugier des Publikums, die öffentliche Lesung ausgewählter Passagen, all dies führte dazu, dass die Literaturwerke an Popularität gewannen und damit die Entführung in das Universum der Schriftsteller erreicht wurde. Radu Pavel Gheo sprach über Grenzen und deren Sprengung, über reale oder fiktive Räume, über das Verlassen des Heimatlandes und über die Rückkehr in die Heimat. Das bunt gemischte Publikum bestand aus internationalen Studierenden. Natürlich hatte jeder seine eigene Definition von Heimat. Bogdan Munteanus ehrliche und ungehemmte Sprache eroberte die Herzen der im Saal anwesenden jungen Menschen. Mit außerordentlichem Mut gestand der Autor, dass die Erfahrung seiner Epilepsie-Erkrankung die Grundlage für sein Buch *Setze dich oder falle um* bildete. Der Dialog zwischen Patient/Schriftsteller und zukünftiger Arzt/Publikum gewann an Tiefe. Die Fragen der Studierenden kamen ebenfalls aus dem Bereich der Doppelwahrnehmung, der persönlichen Beschreibungen des in Worte umgesetzten Erlebnisses. Als dritter Gast brachte Robert Șerban mehr Energie in die Diskussionen ein. Neue Ansichten über den Journalisten als kulturellen Rollenträger, über den Dichter als sensiblen Realitätsfilter, über die Bemühungen des Prosaautors zur Synthese und zum Schaffen von kulturellen Begegnungen wurden eröffnet.

Live@themuseum

Kulturvermittlung ist in Rumänien keine eingebürgerte Größe. Es gibt einige gute Beispiele von Kulturinstitutionen, die einen produktiven Dialog mit dem Publikum pflegen und *audience development* in das kulturelle Leben integrieren. Die sichtbaren Ergebnisse sind jedoch bloße Dokumente der geringen Zuschaueranzahl und abwesenden oder unterrepräsentierten Alterssegmente. Daher war es für mich selbstverständlich, diesbezüglich zu handeln. „Live@ the museum" ist eine monatliche Reihe, die den Zugang zur zeitgenössischen Kunst erleichtern und Besuche in Museen oder Kunstgalerien zur Gewohnheit machen soll. *A cup of art* und *Two cups of art* erfreuten sich einer großen Beteiligung und sehr guter Rückmeldungen. Die Mitgestaltung der Veranstaltungen wurde von Studierenden aktiv übernommen.

Topos

Topos begünstigt den interkulturellen Dialog. Wir haben den Vorteil, mit internationalen Studierenden aus der ganzen Welt zusammenzuarbeiten – was für eine großartige Chance, neue Kulturen zu entdecken! Einerseits ist das eine Übung in angewandter Anthropologie, andererseits wird das bessere Kennenlernen des Anderen ermöglicht – und damit letztendlich auch von uns selbst. Als Erstes beschäftigten wir uns mit der serbischen Kultur. Geografie, Kulinarik, Literatur, Sport, Musik, Ethnografie, Tourismus waren einige der Themen, die von den Studierenden angesprochen wurden. Die Atmosphäre war herzlich und die Beteiligung sehr groß.

Erweiterungen

Für das nächste akademische Jahr wird der literarische Bereich noch stärker durch einen Buchklub – *Book a book* und einen Workshop für kreatives Schreiben – *Word it* weiterentwickelt. Eine weitere Erforschung der zeitgenössischen Literatur ist auch vorgesehen. Auf der Gästeliste stehen bereits Dichter, Dramatiker und Prosaschriftsteller sowie Kulturjournalisten, die in interdisziplinären Teams zum Dialog herausgefordert werden. *Human Library* ist ein weiterer Programmpunkt, den ich in einem kleineren Format getestet habe. Die Methode wurde zunächst im Bereich der non-formalen Bildung geprüft und zielt auf den Abbau von Stereotypen und Vorurteilen, insbesondere in der Arbeit mit benachteiligten Personengruppen. Während der Übungen mit Medizinstudierenden hatte ich die Freude, einerseits bewegende Episoden aus dem Alltag zu entdecken, die mit außerordentlicher Offenheit erzählt wurden, andererseits die Vorteile des Hörtrainings wahrzunehmen. Eine Geschichte erzählen sowie einer Erzählung zuhören zu können, sind Kompetenzen des menschlichen Bereichs. Schaffen wir es, uns diese Fähigkeiten anzueignen, dann können wir einfühlsamer mit uns selbst und mit unseren Mitmenschen umgehen.

Aus dem Rumänischen von Irina Wolf

Notiz:

Projektseiten: Kulturaktionen @ UMFT (https://www.umft.ro/actiuni-culturaleumft/); Kulturverein 360 auf FB: 360 CONNECT (https://m.facebook.com/Asocia%C8%9Bia-Cultural%C4%83-360-106532167438503)

Irina Wolf

Roma-Theater: der lange Kampf um Anerkennung

Im Spätsommer 2021 fand in Bukarest ein einzigartiges Ereignis statt: die erste Ausgabe des internationalen Roma-Theaterfestivals „Kathe, Akana!" (übers. „Jetzt, hier!" – Anm. d. Verf.). Das Programm umfasste Theater- und Filmaufführungen von Roma-Künstlern aus Österreich, Deutschland, der Slowakei, Rumänien, der Ukraine und Ungarn (1). „Kathe, Akana!" erwies sich als eine Plattform für Begegnung und Dialog, die kulturelle Vielfalt, Nichtdiskriminierung, Bekämpfung von Stereotypen und Vorurteilen fördert. Alexandru Fifea, künstlerischer Leiter des Festivals, zugleich Dramatiker, Schauspieler und Regisseur, bekräftigte zur Erstausgabe: „Wir wollen den Roma durch Theater und Kultur eine Stimme geben" (2).

Wie kam es aber zu den Festspielen? Und kann man überhaupt von einem Roma-Theater in Rumänien sprechen?

Auftakt der Roma-Initiative

Obwohl der Fall des Kommunismus 1989 große Veränderungen in der rumänischen Gesellschaft mit sich brachte, herrschte in den 90er Jahren in Bezug auf die Roma-Theaterbewegung weiterhin Stille. Erst mit Beginn des 21. Jahrhunderts gewinnt eine Generation von Roma-Schauspielern, -Künstlern, -Schriftstellern und -Aktivisten an Sichtbarkeit. 2008 wird der Kulturverein „Amphiteatrrom" gegründet. Zwei Jahre später gelingt es diesem, die erste Produktion in der Romani-Sprache aufzuführen. Obwohl die Komödie *Jekh rat lisame* (übers. *Eine stürmische Nacht* – Anm. d. Verf.) aus der Feder des landesweit bekannten rumänischen Dramatikers Ion Luca Caragiale stammt, wird die Übersetzung ins Romanes als großer Erfolg gewertet. Die Produktion tourt durch mehrere rumänischen Städte: Târgu Mureş, Galaţi, Bukarest. Neben Aufführungen in öffentlichen Stadttheatern werden auch Vorstellungen für Roma-Gemeinschaften in ländlichen Gebieten geboten. Der Roma-Schauspieler und -Regisseur Sorin Sandu, Gründer von „Amphitheatrrom", wollte mit diesem Projekt „kreative Energien anregen und das Erschaffen von Theaterproduktion in der Roma-Gemeinschaft ankurbeln, was schließlich zur Geburt des Roma-Theaters in Rumänien führen soll" (3). Was ihm auch gelungen ist!

Seitdem sind zahlreiche Projekte entstanden. Die Themen reichen von Frühverheiratung über Ausgrenzung bis zu Diskriminierung und Verfolgung von Roma. Fast alle Theaterstücke und Inszenierungen basieren auf Interviews. Viele der Roma-Künstler sind von der Arbeit des Regisseurs David Schwartz beeinflusst, der sein Schaffen als „politisches Theater" bezeichnet – ein Theater, das aus einer linken Perspektive heraus positioniert ist. Mit der zeitgenössischen Generation, vertreten von Mihaela Drăgan, Zita Moldovan, Mihai Lukács, Alexandru Fifea und Andrei Şerban beginnt man von einer zunehmend stimmigen Bewegung zu sprechen, die Traditionen und Werte der ethnischen Gruppe der Roma hervorhebt. Arbeiten die meisten Künstler zunächst in staatlichen Theaterhäusern, wechseln später immer mehr von ihnen in die alternative Szene.

Giuvlipen: Festigung der Roma-Bewegung

Einer der wichtigsten Schritte wird 2014 von den Schauspielerinnen und Dramatikerinnen Mihaela Drăgan und Zita Moldovan mit der Gründung der „Giuvlipen"-Theatergruppe (in etwa „Feminismus" in Romanes – Anm. d. Verf.) gesetzt. Ziel von „Giuvlipen" ist es, experimentelle Performances zu erstellen, in denen Tabuthemen zur Roma-Ethnizität offen angesprochen und verschwiegene Aspekte der Roma-Geschichte ans Licht gebracht werden. Vor allem aber steht die ausschließlich aus Roma-Schauspielerinnen zusammengesetzte Gruppe für den Kampf für Frauenrechte. Die professionelle Schauspielerin Zita Moldovan (Jahrgang 1979), die Teil der Produktion *Jekh rat lisame* war, begann ihre Karriere schon 2006 als Mitarbeiterin des „Teatrul Naţional de Operetă şi Musical ‚Ion Dacian'". Mit der Gründung von „Giuvlipen" wechselt sie in die alternative Szene, wo sie sich für Roma-Rechte einsetzt und als Theatertrainerin in Roma-Gemeinschaften arbeitet.

Mihaela Drăgan (Jahrgang 1986) ist eine international erfolgreiche Schriftstellerin und Darstellerin. 2017 wirkt sie am Berliner „Maxim Gorki"-Theater in Yael Ronens Inszenierung *Roma Armee* mit. Ein Jahr später wird sie vom „PEN World Voices International Play Festival" in New York als eine der zehn angesehensten Dramatiker der Welt anerkannt. 2019 ist Drăgan eine der für die renommierte „Royal Court Theatre International Summer Residency" in London ausgewählten Autoren. Dort entsteht *Romacen*, ein Science-Fiction-Stück über eine zukünftige utopische Gesellschaft von Roma-Hexen, die die Technologie kontrollieren und die neofaschistische Politik in Europa bekämpfen.

Über zehn dokumentarische Produktionen brachte „Giuvlipen" seit ihrer Gründung heraus. Dabei liegt der Schwerpunkt auf der Selbstdarstellung der Roma-Frauen und -Mädchen. Mihaela Drăgan sieht Roma-Frauen nicht als wehrlos und ist überzeugt, dass „wir eine Lösung finden, wie wir respektiert werden – denn wir sind Kämpferinnen, keine Opfer!" (4). Zu den angesprochenen Themen gehören Frühverheiratung (*Del Duma*, 2014), Übersexualisierung (*Gadjo Dildo*, 2015), Bekämpfung von Diskriminierung und Rassismus sowie von Vorurteilen gegenüber Roma-LGBT-Personen (*Sexodrom*, 2018). Ein wichtiger Teil des Programms ist dem Bewusstsein zum Roma-Holocaust in der Zivilgesellschaft gewidmet. Sind die ersten Jahre von der Zusammenarbeit mit dem Regisseur Mihai Lukács geprägt, macht sich ab 2017 ein Umstieg auf Gemeinschaftsregie bzw. auf Kooperationen mit arrivierten rumänischen Regisseuren wie Bogdan Georgescu oder Catinca Drăgănescu bemerkbar. Nicht zuletzt ebneten zahlreiche (inter-)nationale Festivalauftritte den Weg, um 2020 den Preis des British Council im Rahmen der UNITER-Gala entgegenzunehmen.

Beispiele für die aufblühende Roma-Theaterszene

Vielfach entstanden Kooperationen auch zwischen Roma- und Nicht-Roma-Künstlern und -Institutionen. Den Auftakt gab Regisseur Bogdan Georgescu 2011 mit *Fără sprijin* (übers. *Ohne Unterstützung* – Anm. d. Verf.), einer Produktion, die sich der Zwangsräumung einer ganzen Roma-Gemeinschaft in Bukarest widmete. *Nu aţi văzut nimic* (übers. *Ihr habt nichts gesehen!* – Anm. d. Verf.) beleuchtete den Roma-Missbrauch durch die Polizei. Der 2015 von Alexandru Fifea geschriebene Text basiert auf einer wahren Begebenheit. Für die Inszenierung zeichnete David Schwartz verantwortlich. Einer der Darsteller war der Autor selbst. Der umtriebige Roma-Künstler ist seit 2005 im gesellschaftspolitischen Theaterbereich tätig. Inspiriert vom Leben gefährdeter Personen wie Obdachlosen oder Sexarbeiterinnen kreiert Fifea unter anderem eine Reihe von beeindruckenden Shows. Ein weiteres Beispiel ist *Vi me som rom* (übers. *Auch ich bin ein Roma* – Anm. d. Verf.), das die Stigmatisierung von Roma-Kindern an Schulen untersuchte. Die 2017 entstandene Performance in der Regie des Roma-Schauspielers Andrei Şerban basiert auf Interviews, auf den persönlichen Erfahrungen der Darsteller sowie auf umfangreichen Recherchen.

Nennenswerte Zusammenarbeiten gab es auch auf internationaler Ebene. *Privind prin piele* (übers. *Durch die Haut schauen* – Anm. d. Verf.) beleuchtet eingehend eine Vater-Tochter-Beziehung, die von der Verheimlichung der Roma-Herkunft bis zur Annahme dieser Identität reicht. Der Text entstand 2016 durch geführte Interviews mit Roma in Rumänien und in der Türkei. Alexandru Berceanu zeichnet sowohl für Text als auch für Regie verantwortlich. Produzent war der „dramAcum"-Verein. Wird der Vater von Alexandru Fifea gespielt, gibt es für die Tochter mit Mihaela Drăgan und Alina Şerban eine Doppelbesetzung.

Mit Unterstützung von ARTHUB Bukarest entstand 2017 die unabhängige Roma-Produktion *Bambina, die Königin der Blumen*, die das Leben der Floristin Lina Victoriţa Georgescu, einer der erfolgreichsten Geschäftsfrauen unter den Roma-Floristinnen in Bukarest, erforscht. Regie führte Mihai Lukács; zur Besetzung gehören bekannte Namen wie Alexandru Fifea, Zita Moldovan, Andrei Şerban. Drei Jahre später konnte *Bambina* am „Internationalen Theaterfestival Roma Heroes" in Ungarn gezeigt werden.

Alina Şerban – die unerschütterliche Kämpferin

Zu den erfolgreichsten Aktivistinnen für Roma-Rechte und Pionierinnen des feministisch-politischen Roma-Theaters gehört auch Alina Şerban (Jahrgang 1987). Schon ihr erster Auftritt in der freien Szene 2009 mit der autobiografischen One-Woman-Show *Slumdog Roma* war erfolgversprechend. Dabei war ihr Leben von vielen Widrigkeiten geprägt, bis sie zu ihrem gegenwärtigen Status als Film- und Theaterschauspielerin, Autorin und Regisseurin gelangte. Schon mit acht Jahren verlor ihre Familie ihr Zuhause, und ihre Mutter kam ins Gefängnis. Alina Şerban landete in einer sozialen Einrichtung. Als ihr Vater 2009 starb, verließ sie Rumänien, um im Ausland zu studieren. Şerban ist Absolventin der „Royal Academy of Dramatic Art" in London (mit Master-Abschluss), des „Open-Arts-Programms" der „Tisch School of the Arts" an der New York University sowie der Nationaluniversität der Theater- und Filmkunst „Ion Luca Caragiale" in Bukarest.

Heißt ihre erste selbst geschriebene Performance ursprünglich *Slumdog Roma*, wird sie später zusammen mit David Schwartz und Alice Monica Marinescu überarbeitet und in *Declar pe propria răspundere* (übers. *Ich erkläre in eigener Verantwortung* – Anm. d. Verf.) umbenannt. Diese bringt ihr nationale und internationale Anerkennung. Das Stück wurde seither in mehreren europäischen Ländern aufgeführt, unter anderem in Ungarn, Frankreich und Italien. Inzwischen ist Şerban Trägerin zahlreicher Auszeichnungen und Preise: des Rich-Mix-Wettbewerbs „Stories of London" (2013), der Internationalen Filmfestspiele „Femmes de Salé" (2018), des Torino „Short Film Market" (2021) sowie beste Hauptdarstellerin des Deutschen Filmpreises (2020).

Şerban ist bekannt als Autorin von und Darstellerin in Stücken mit Botschaften für soziale Gerechtigkeit und Widerstand gegen Rassismus und andere Formen von Diskriminierung. Ihre Lebenserfahrung motivierte sie dazu, die Plattform *The Untold Stories* (übers. *Die unerzählten Geschichten* – Anm. d. Verf.) zu gründen, die darauf abzielt, das Schweigen über die Geschichte der Roma-Sklaverei in Rumänien und in Europa zu beenden. In diesem Zusammenhang schreibt Şerban 2016 *The Great Shame*. Das Stück, das sie auch als Regisseurin inszeniert und in dem sie ebenfalls als Darstellerin agiert, basiert auf historischen Dokumenten und erzählt von den fünfhundert Jahren der

Sklaverei der Roma. Das 2009 begonnene Projekt ist von größter Wichtigkeit für Şerban, die damit anstrebt, Roma zusammenzubringen: „Auf die schwierigen Zeiten, in denen wir leben – Zeiten, in denen Rassismus und Fremdenfeindlichkeit in Rumänien, in Europa und weltweit zunehmen –, müssen wir mit Kunst und Wissen reagieren. Auf die Marginalisierung der Geschichte der Roma müssen wir antworten, indem wir die Roma und ihre Erfahrungen in den Mittelpunkt stellen. Auf diese Weise können wir zuhören und uns gegenseitig sowie unsere Geschichte und die Geschichten unserer Kulturen kennenlernen“ (5).

Zehn Jahre nach ihrem ersten Auftritt in der Bukarester freien Szene ist Alina Şerban die erste Roma-Regisseurin, die an der wichtigsten Bühne des Landes ihr neuestes Stück zeigen darf. Die One-Woman-Show *Das beste Kind der Welt* ist eines der vier Projekte, das 2021 im Rahmen des 9G-Programms – aus fünfundzwanzig Einreichungen – zur Aufführung ausgewählt wurde. Das 2014 ins Leben gerufene Programm des Nationaltheaters Bukarest ist jungen Theaterschaffenden gewidmet.

Das beste Kind der Welt erzählt die Geschichte eines Roma-Mädchens, dessen Jugend von Armut geprägt ist, und das trotzdem die Kraft findet, sich dem Schicksal zu widersetzen. Geleitet vom Versprechen ihrer Mutter, „das beste Kind der Welt“ zu sein, erobert die junge Frau die Welt und verfolgt ihren Traum, an den besten Schulen der Welt zu studieren. In dem Stück geht es um die Kraft, das Unmögliche zu erreichen, um mit der Vergangenheit und der eigenen Identität Frieden zu schließen und die mit den Roma verbundenen Stereotypen durch Menschlichkeit und Einfühlungsvermögen zu dekonstruieren.

„Es ist eine große Ehre und gleichzeitig eine Verantwortung, eine von mir geschriebene, inszenierte und selbstaufgeführte Produktion am Nationaltheater zeigen zu dürfen. Ich habe mir das für meine Vorfahren gewünscht, die zum Aufbau Rumäniens beigetragen haben und deren Geschichte unbekannt ist“, sagt Şerban (6). Mit *Das beste Kind der Welt* möchte sie Brücken bauen: „Mein Ziel war es immer, mir selbst und anderen Heilung zu bieten und wenn möglich, durch meine Kunst eine Veränderung zum Besseren zu bewirken“ (7).

Blick in die Zukunft

Obwohl Roma-Theaterproduktionen immer mehr Aufmerksamkeit erregen, werden die meisten als Gastspiele in Räumlichkeiten der freien Szene gezeigt, zum Beispiel im vom Regisseur David Schwartz gegründeten „MACAZ"-Theater (*Ihr habt nichts gesehen* und *Vi me som rom*), im „Teatrul Luni de la Green Hours" (*Ohne Unterstützung*) oder im „Replika"-Bildungstheaterzentrum (*Ich erkläre in eigener Verantwortung*) – alle drei in Bukarest – oder im „Auăleu"-Theater in Temeswar (*Slumdog Roma*). Unterstützung bekommen Roma-Künstler auch von einigen Theatern der anderen nationalen Minderheiten. So war das Jüdische Staatstheater Bukarest 2018 Gastgeber von *Kali Traš* (übers. *Black Fear* – Anm. d. Verf.), einer von „Giuvlipen" produzierte Show, die die Geschichte des Roma-Holocausts in Rumänien beleuchtet. 2020 koproduzierte das Theater „Andrei Mureşanu" aus Sfântu Gheorghe – eine der rumänischen Minderheit im überwiegend ungarischsprachigen Gebiet Rumäniens gewidmete Institution – zusammen mit „Giuvlipen" das Science-Fiction-Stück *Romacen*.

Die Idee eines Roma-Staatstheaters, das Roma-Künstlern eine eigene Spielstätte bieten soll, ist keine Neuheit. Im letzten Jahrhundert gab es genug Versuche, eine solche Einrichtung ins Leben zu rufen. Obwohl die Institution bis heute noch nicht existiert, ist offiziell schon seit Ende 2011 ein derartiges Theater geplant. Für die Schaffung einer Spielstätte für das Roma-Theater setzt sich auch die 2015 auf Initiative mehrerer Roma-Schauspieler, -Künstler und -Kulturexperten gegründete „Roma Actors Association" ein. Ende 2020 tauchte die Idee eines Roma-Staatstheaters wieder in der öffentlichen Debatte auf. Man kann nur hoffen, dass dieses Unterfangen bald gelingen wird.

Quellen

(1) Organisiert wurden die Festspiele vom „Verein der Förderung zeitgenössischer Kunst" und ARTHUB Bukarest. Überdies haben sich zwei wichtige Partner wie das Jüdische Staatstheater Bukarest und die Zeitschrift „Scena.ro", die ein dem Roma-Theater gewidmetes Dossier publizierte, dem Anliegen angeschlossen.

(2) „Teatrul Azi“, Nr. 12/2021, S. 83.

(3) „Scena.ro“, Nr. 53/2021, S. 16.

(4) https://delduma.wordpress.com/2016/05/20/an-article-in-german-about-giuvlipen-in-taz-de/, aufgerufen am 15.01.2022.

(5) https://www.romarchive.eu/de/collection/p/alina-serban/, aufgerufen am 15.01.2022.

(6) „Scena.ro“, Nr. 54-2021, S. 33.

(7) https://www.g4media.ro/alina-serban-prima-regizoare-roma-la-teatrul-national-bucuresti-cu-spectacolul-de-teatru-cel-mai-bun-copil-din-lume-este-o-mare-onoare-mi-am-dorit-asta-pentru-stramosii-mei.html, aufgerufen am 15.01.2022.

Weiterführende Links:

https://giuvlipen.com/en/

https://alinaserban.com/about-alina/

https://katheakana.ro/about-us/

https://www.caleido.ro/bambina-regina-florilor/

Irina Wolf

Nachwort und Danksagung

Der vorliegende Band soll einen Einblick in die vielfältige Landschaft der freien Theaterszene Rumäniens eröffnen. Die Texte zeugen von einer intensiven und innovativen Entwicklung dieser Branche und decken mehr als ein Jahrzehnt seit dem Beitritt Rumäniens zur Europäischen Union im Jahr 2007 ab.

Verständliche, lesbare und zugängliche Sprache wird durch Gendern nicht gewährleistet. Deshalb habe ich davon Abstand genommen. Dadurch soll der Inhalt der Texte noch mehr in den Vordergrund gerückt werden, denn das Buch – hoffe ich zumindest – beinhaltet eine Fülle von Informationen. Natürlich berichtet dieser Band über Menschen jeden Geschlechts und spricht sie gleichermaßen an.

Wenn ein Buch erscheint, so steht immer der Autor im Vordergrund. Das ist nicht besonders fair, weil es immer vieler Menschen bedarf, die eine solche Publikation überhaupt erst ermöglichen. Das war natürlich auch bei mir der Fall. Und die lieben Menschen, die mir während des Schreibens eine Hilfe gewesen sind, sollen hier nun besondere Erwähnung finden. Ich hoffe, an alle gedacht zu haben.

Zunächst richtet sich mein Dank an die Gastautorinnen, die zugunsten des Projekts auf ein Honorar verzichtet haben. Dafür herzlichen Dank! Mein besonderer Dank gilt dem Verlag für die offenen Ohren und die zuvorkommende Kooperation. Was bei meinen geistigen Ergüssen auf die vormals leeren Blätter gelandet ist, musste alles zunächst meine Lektorin lesen. Das war bestimmt nicht immer einfach. Und was sie daraus gemacht hat, ist phänomenal. Innigen Dank also, liebe Daria Schnut-Hainz. Im gleichen Atemzug möchte ich natürlich auch meiner Korrektorin Brigitte Haase für die Mühe und die Geduld danken.

Und selbstverständlich geht der Dank auch an meinen Mann, der mir immer die Kraft und die Zeit gegeben hat, mich meinem Buchprojekt zu widmen.

Für die freundliche Unterstützung bei der Bildbearbeitung bedanke ich mich herzlichst bei Cătălina Dari. Keinen geringen Anteil an der Fertigstellung haben Iveta Gonaus, Brigitte Macaria und Daphne Popescu. Auch ihnen möchte ich für die stets aufmunternden Worte und guten Ratschläge herzlich danken.

ANHANG

Die Autorinnen

Oltiţa CÎNTEC ist Theaterkritikerin, Doktorin der Theaterwissenschaft an der Theaterfakultät der Nationalen Kunstuniversität „George Enescu“ in Iaşi, Kuratorin des „Internationalen Theaterfestivals für junges Publikum (FITPT)“, künstlerische Leiterin des „Luceafărul“-Theaters in Iaşi, Präsidentin des Internationalen Verbands der Theaterkritiker, Filiale Rumänien (AICT.RO). Ihre Artikel und Studien sind in Wissenschaftsmagazinen, Theater- und Kulturzeitschriften im In- und Ausland erschienen. Oltiţa Cîntec war Mitglied der Theaterfachbeiräte und hat Vorträge über das rumänische Theater im In- und Ausland gehalten. Sie ist Autorin mehrerer preisgekrönter Bücher zur Theorie und jüngeren Geschichte der Performance-Kunst.

Oana CRISTEA GRIGORESCU ist Theaterkritikerin, Doktorin der Musikwissenschaften an der „Gheorghe Dima“-Musikakademie Klausenburg (2011) und Hörspielredakteurin bei Radio România, Produzentin zahlreicher preisgekrönter Produktionen bei großen internationalen Festivals von 2016 bis heute. Sie ist eine der drei Kuratoren der 2021er und 2022er Ausgaben des Nationaltheaterfestivals Bukarest. Oana Cristea Grigorescu schreibt Chroniken und Studien über Theater für die Zeitschriften „Scena.ro“, „Observator Cultural“, „Capital Cultural“ usw. Sie wirkt jährlich am „Multimedialen Wörterbuch des rumänischen Theaters (www.dmtr.ro)“ und an den von Oltiţa Cîntec koordinierten Sammelbänden (2015–2021) sowie an anderen thematischen Dossiers in Kulturzeitschriften und Fachbüchern mit. 2020 erhielt sie den Theaterkritikpreis im Rahmen der UNITER-Gala.

Michaela PREINER erhielt von ihrem 7. bis 21. Lebensjahr privaten Klavierunterricht. Sie studierte an der Karl-Franzens-Universität in Graz Musikwissenschaften, Kulturanthropologie und Kunstgeschichte. Ihre Promotion verfasste sie über einen österreichischen Bildhauer. Danach leitete sie 10 Jahre lang in ihrer Heimatstadt eine Galerie für zeitgenössische Kunst. Während dieser

Zeit schrieb sie zahlreiche Artikel für das deutsche Magazin *Der Kunsthandel* sowie viele Einführungen für Ausstellungskataloge im Bereich der zeitgenössischen Kunst. 2007 gründete sie das Online-Kulturjournal „European Cultural News". Ihr Hauptinteresse liegt in der Rezension zeitgenössischer Theater-, Tanz- und Musikproduktionen. Seit 22 Jahren berät sie Theaterschaffende im Bereich ihrer medialen Positionierung.

Daniela ŞILINDEAN ist Theaterkritikerin, Übersetzerin, Hochschuldozentin an der Universität für Medizin und Pharmazie „Victor Babeş" in Temeswar. Sie ist Kunstredakteurin der Zeitschrift „Orizont", hat Artikel und Studien in verschiedenen Kulturzeitschriften in Rumänien, Italien, Österreich, Belgien sowie in Bänden, die in Rumänien, Deutschland und England erschienen sind, veröffentlicht. Daniela Şilindean ist Autorin mehrerer Bücher über Theorie, Geschichte und Praxis des Theaters. Sie hat Vorworte zu Büchern im Theaterbereich verfasst und Theaterstücke sowie Texte über Kunstgeschichte übersetzt. Daniela Şilindean war als Dramatikerin für Inszenierungen in Rumänien, Ungarn und den USA tätig. Sie ist Initiatorin und Koordinatorin mehrerer Kulturprogramme für Jugendliche.

Irina WOLF ist Theaterkritikerin und freie Journalistin, Mitglied der rumänischen Filiale des Internationalen Vereins der Theaterkritiker (AICT-IATC) und des Concordia-Presseklubs in Wien. Sie ist Redakteurin der österreichischen Online-Plattform „Aurora-Magazin.at", Mitarbeiterin der rumänischen Zeitschriften „Teatrul Azi" und „Scena.ro" sowie des italienischen Theatermagazins „Hystrio". Irina Wolf initiierte die Herausgabe der ersten deutschsprachigen Werke zum rumänischen Theater seit dem Fall des Eisernen Vorhangs. Sie hat Artikel und Studien in verschiedenen internationalen Kulturmagazinen und Bücher veröffentlicht, Vorworte verfasst und Theaterstücke übersetzt. Vor allem ist Irina Wolf in grenzüberschreitenden Kulturprojekten zwischen Österreich, Deutschland, Italien, Rumänien und der Republik Moldau aktiv. Bei der Gala des rumänischen Theaterverbandes UNITER 2021 wurde sie für den Preis der Theaterkritik nominiert.

Personenregister

Rumänische und moldawische Theaterhäuser, -initiativen und -gruppen

Apollo111 in Bukarest/Bucureşti

„Amphiteatrrom"-Kulturverein in Bukarest/Bucureşti

ARTHUB in Bukarest/Bucureşti

Asociaţia Reciproca (übers. „Reciproca-Verein") in Klausenburg/Cluj

Asociaţia O2G-Ofensiva Generozităţii (übers. „Verein O2G – die Großzügigkeitsoffensive") in Bukarest/Bucureşti

Centrul de Teatru Educaţional Replika (übers. „Bildungstheaterzentrum Replika") in Bukarest/Bucureşti

Centrul Naţional al Dansului Bucureşti (übers. „Nationales Tanzzentrum Bukarest")

„ColectivA" in Klausenburg/Cluj

Create.Act.Enjoy in Klausenburg/Cluj

Dialectic Center in Bukarest/Bucureşti

„dramAcum"-Verein in Bukarest/Bucureşti

Fabrica de Pensule (übers. „Die Pinselfabrik") in Klausenburg/Cluj

Galeria Plan B in Klausenburg/Cluj

„Giuvlipen"-Theatergruppe (in etwa „Feminismus" in Romanes) in Bukarest/Bucureşti

GroundFloor-Group in Klausenburg/Cluj

Grupul de teatru „Frilensăr" (übers. Theatergruppe „Freelancer") in Jassy/Iaşi

Idea77 in Bukarest/Bucureşti

Incubator 13 (übers. „Inkubator 13") in Neumarkt am Mieresch/Târgu Mureş

„Linotip" in Bukarest/Bucureşti

„Luceafărul"-Kinder- und Jugendtheater in Jassy/Iaşi

MACAZ – Bar Theatre Coop (übers. „MACAZ – Künstler- und Arbeiterkollektiv") in Bukarest/Bucureşti

Platforma de Teatru Politic (übers. „Politische Theaterplattform") in Bukarest/Bucureşti

POINT – hub cultural independent (übers. „POINT – unabhängige Kulturdrehscheibe") in Bukarest/Bucureşti

Reactor de creaţie şi experiment (übers. „Kreations- und Experimentreaktor") in Klausenburg/Cluj

„Roma Actors Association" in Bukarest/Bucureşti

Studio M in Sankt Georgen/Sfântu Gheorghe

Tamási Áron Színház (aus dem Ungarischen übers. „Tamási Áron"-Theater) in Sankt Georgen/Sfântu Gheorghe

Tangaj Collective in Bukarest/Bucureşti

„Teatrelli" ist ein Projekt des Bukarester „CREART – Centrul de Creaţie Artă şi Tradiţie" (Zentrum für Kunst- und Traditionsgestaltung) in Bukarest/Bucureşti

Teatrul 74 („Theater 74") in Neumarkt am Mieresch/Târgu Mureş

Teatrul ACT („ACT"-Theater) in Bukarest/Bucureşti

Teatrul „Andrei Mureşanu" in Sfântu Gheorghe/Sankt Georgen

Teatrul Apropo („Apropo"-Theater) in Bukarest/Bucureşti

Teatrul Auăleu („Auăleu"-Theater; übers. das „O-Weh-Theater") in Temeswar/Timişoara

Teatrul Basca („Basca"-Theater; übers. „Das Baskenmützentheater") in Temeswar/Timişoara

Teatrul BIS („BIS"-Theater) in Hermannstadt/Sibiu

Teatrul Bulandra („Bulandra"-Theater) in Bukarest

Teatrul de Artă (übers. „Das Kunsttheater") in Bukarest/Bucureşti

Teatrul de Comedie (übers. „Das Komödientheater") in Bukarest/Bucureşti

Teatrul de Stat Constanţa (übers. „Staatstheater Constanţa")

Teatrul de Nord (übers. „Nord-Theater") in Sathmar/Satu Mare

Teatrul din Stejar (übers. „Theater in der Eiche") in Jassy/Iaşi

Teatrul Dramaturgilor Români (übers. „Theater der rumänischen Dramatiker") in Bukarest/Bucureşti

Teatrul Evreiesc de Stat (übers. „Jüdisches Staatstheater") in Bukarest/Bucureşti

Teatrul FIX („FIX"-Theater) in Jassy/Iaşi

Teatrul German de Stat (übers. „Deutsches Staatstheater") in Temeswar/Timişoara

Teatrul Godot („Godot"-Theater) in Bukarest/Bucureşti

Teatrul Gong („Gong"-Theater) in Hermannstadt/Sibiu

Teatrul Imposibil (übers. „Das unmögliche Theater") in Klausenburg/Cluj

Teatrul Improbabil (übers. „Das unwahrscheinliche Theater“) in Bukarest/București
Teatrul Infinit (übers. „Das unendliche Theater“) in Bukarest/București
Teatrul Luni de la Green Hours (übers. „Montagstheater bei Green Hours“) in Bukarest/București
Teatrul Maghiar de Stat Cluj (übers. „Ungarisches Staatstheater Klausenburg“)
Teatrul Municipal „Matei Vişniec“ (übers. „Stadttheater ‚Matei Vişniec‘“) in Suceava
Teatrul Naţional București (übers. „Nationaltheater Bukarest“)
Teatrul Naţional de Operetă și Musical „Ion Dacian“ (übers. „Nationales Operetten- und Musicaltheater ‚Ion Dacian‘“) in Bukarest/București
Teatrul Naţional „Lucian Blaga“ (übers. „‚Lucian Blaga‘-Nationaltheater“) in Klausenburg/Cluj
Teatrul Naţional „Marin Sorescu“ (übers. „‚Marin Sorescu‘-Nationaltheater“) in Craiova
Teatrul Naţional „Mihai Eminescu“ („Mihai Eminescu“-Nationaltheater) in Chişinău/Republik Moldau
Teatrul Naţional „Radu Stanca“ (übers. „‚Radu Stanca‘-Nationaltheater“) in Hermannstadt/Sibiu
Teatrul Naţional „Satiricus I.L. Caragiale“ (übers. „Nationaltheater ‚Satiricus I.L. Caragiale‘“) in Chişinău/Rep. Moldau
Teatrul Odeon („Odeon“-Theater) in Bukarest/București
Teatrul Tineretului (übers. „Theater der Jugend“) in Piatra Neamţ
unteatru (übers. „einTheater“) in Bukarest/București
Váróterem Projekt (aus dem Ungarischen übers. „Projekt Wartezimmer“) in Klausenburg/Cluj
Yorick Stúdió in Neumarkt am Mieresch/Târgu Mureş
ZUG.zone in Klausenburg/Cluj

Liste der erwähnten rumänischen Ortsnamen

Braşov (Kronstadt)
București (Bukarest)
Cluj-Napoca (Klausenburg)
Constanţa (Konstanza)
Craiova
Galaţi
Iaşi (Jassy)
Piatra Neamţ (Kreuzburg an der Bistritz)
Piteşti
Satu Mare (Sathmar)
Sfântu Gheorghe (Sankt Georgen)
Sibiu (Hermannstadt)
Suceava (Suczawa)
Târgu Mureş (Neumarkt am Mieresch)
Timişoara (Temeswar)

Calea Victoriei (die Siegesstraße)

Abbildungen

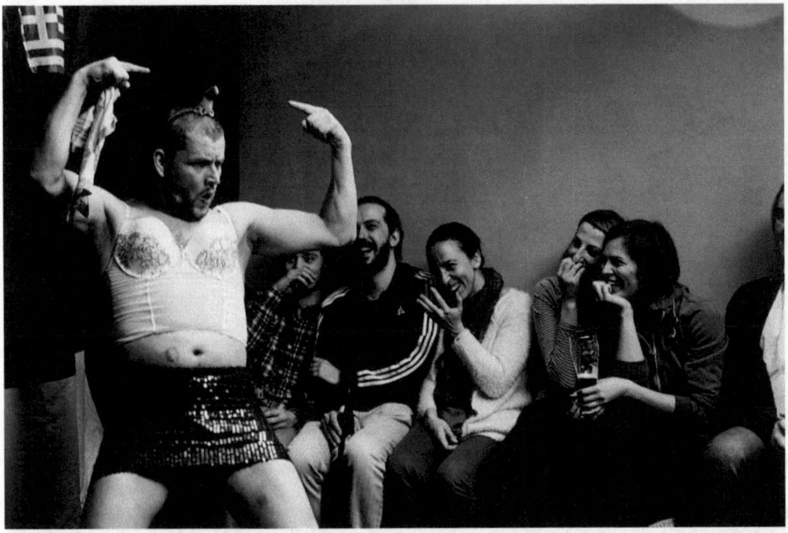

Circus Mundi, Temeswar, 2015, © Theater Auăleu

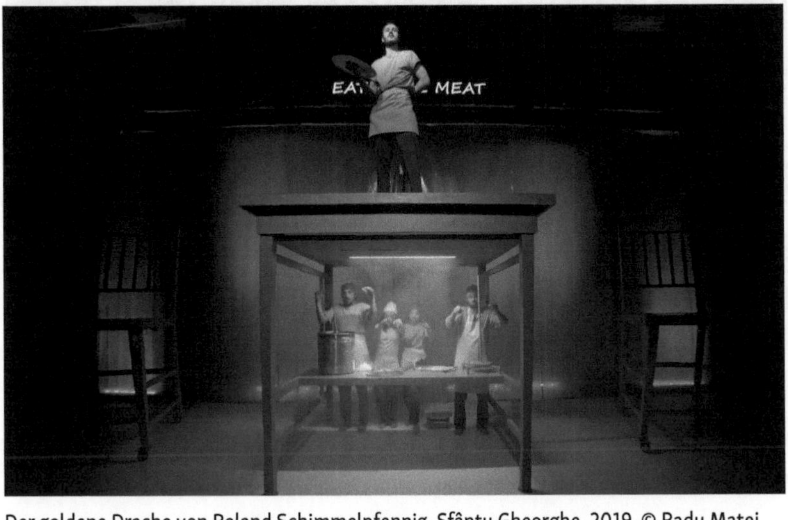

Der goldene Drache von Roland Schimmelpfennig, Sfântu Gheorghe, 2019, © Radu Matei

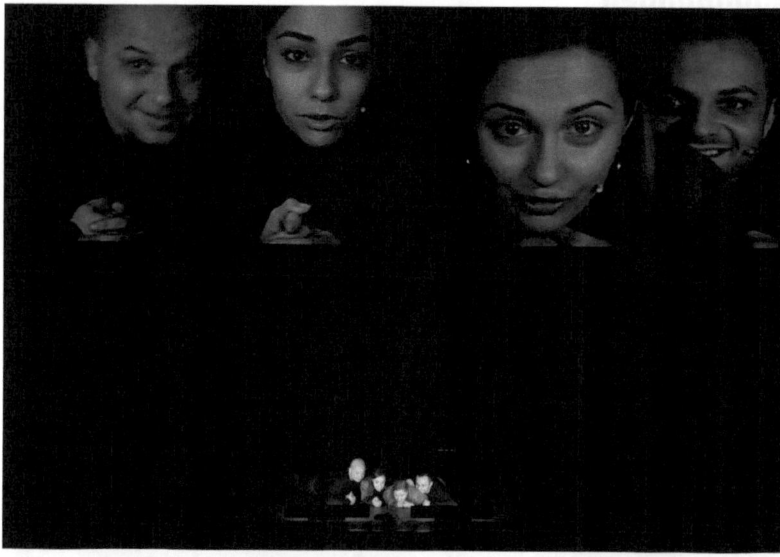

Der Tiger in unserer Stadt von Gianina Cărbunariu, Suceava, 2016, © Adi Bulboacă

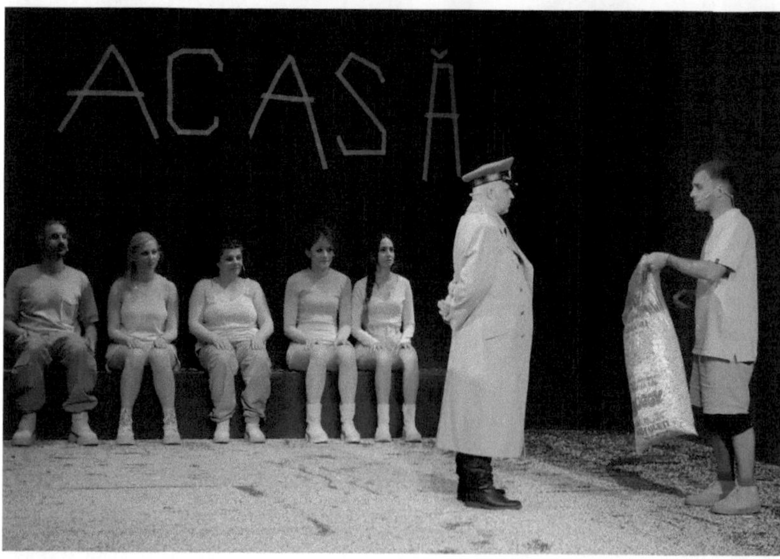

Die Rückkehr nachhause von Matei Vişniec, Suceava, 2022, © Ami Vitega

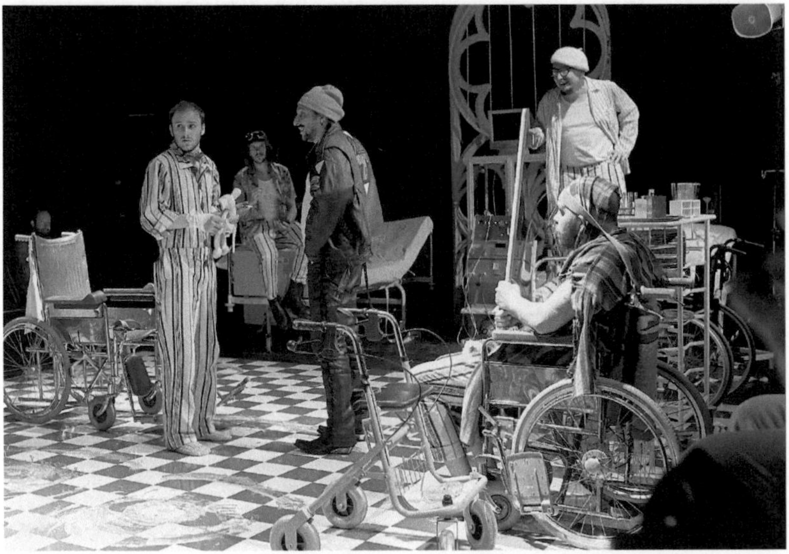

Einer flog über das Kuckucknest, Sfântu Gheorghe, 2020, © Volker Vornehm

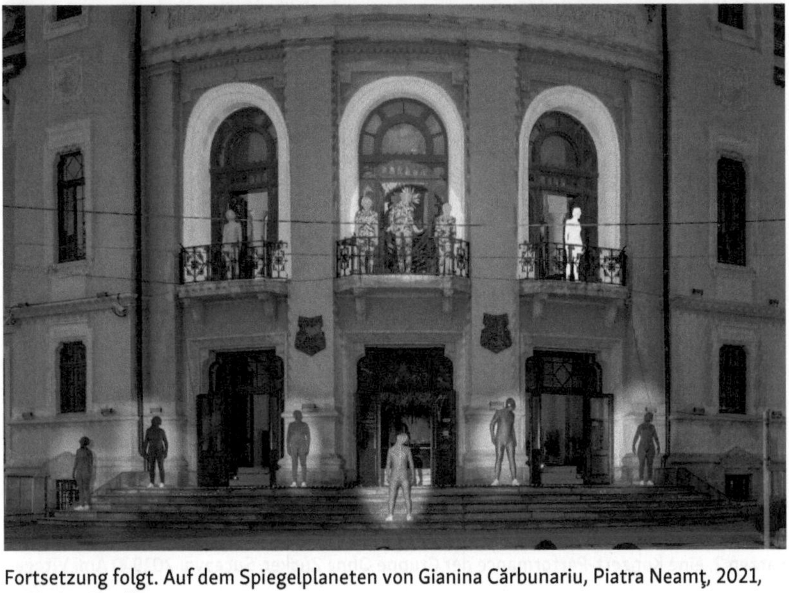

Fortsetzung folgt. Auf dem Spiegelplaneten von Gianina Cărbunariu, Piatra Neamţ, 2021, © Marius Şumlea

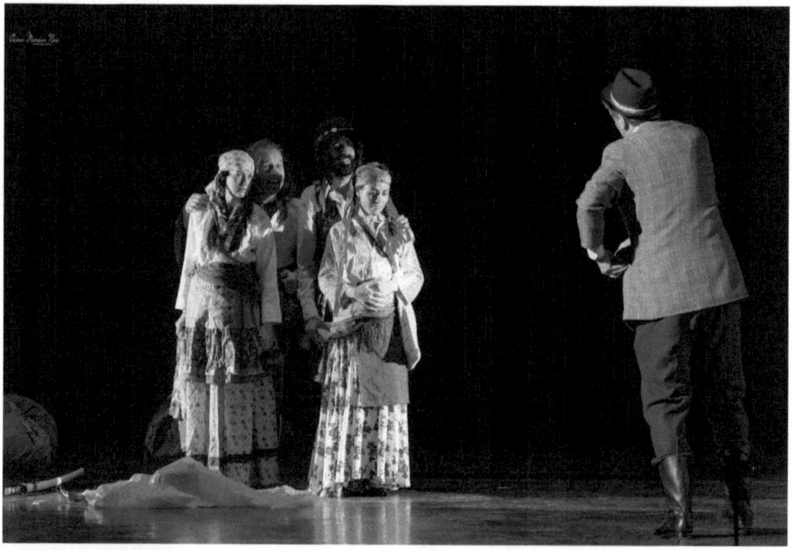

Kali Traš von Giuvlipen, Bukarest, 2018, © Oana Monica Nae

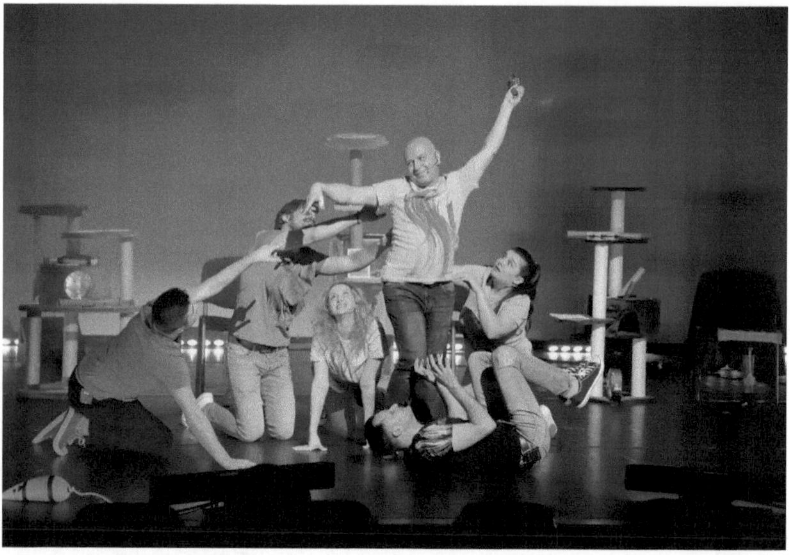

Katzen 2, eine Konzert-Performance der Gruppe Ohne Zucker, Suceava, 2019 © Ami Vitega

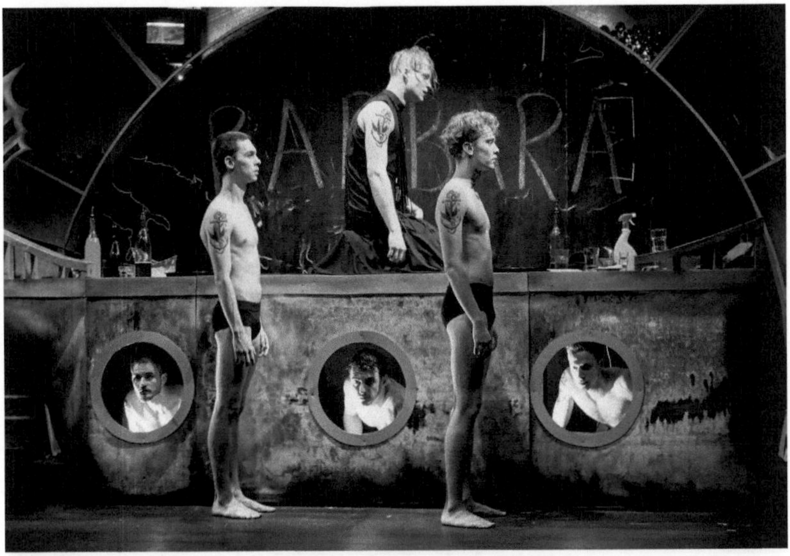

Medea's Boys von Ionuţ Sociu, Bukarest, 2018, © Claudiu Popescu

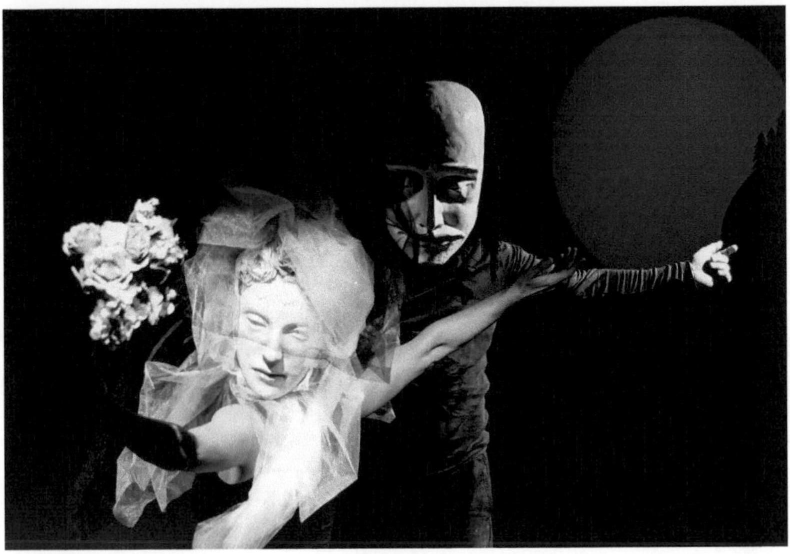

Mioriţa, Temeswar, 2017, © Andreea Eva Herczegh

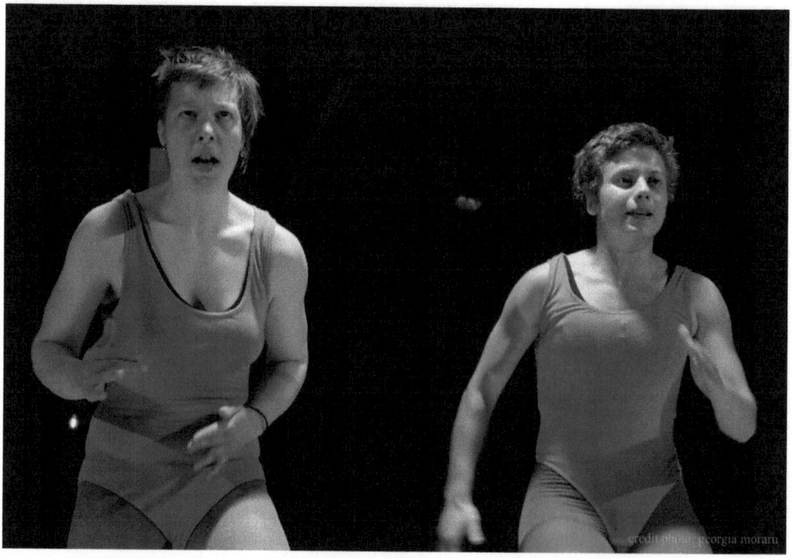

Parallel von Sinkó Ferenc und Leta Popescu, Klausenburg, 2013, © Roland Váczi

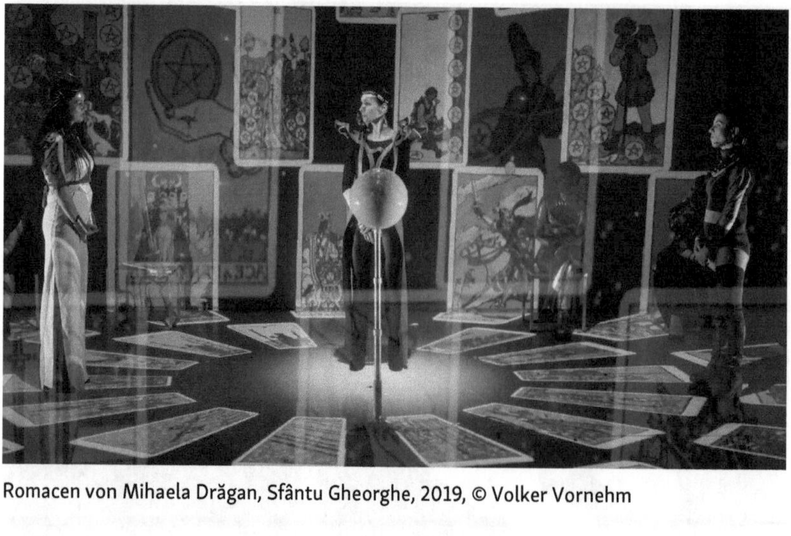

Romacen von Mihaela Drăgan, Sfântu Gheorghe, 2019, © Volker Vornehm

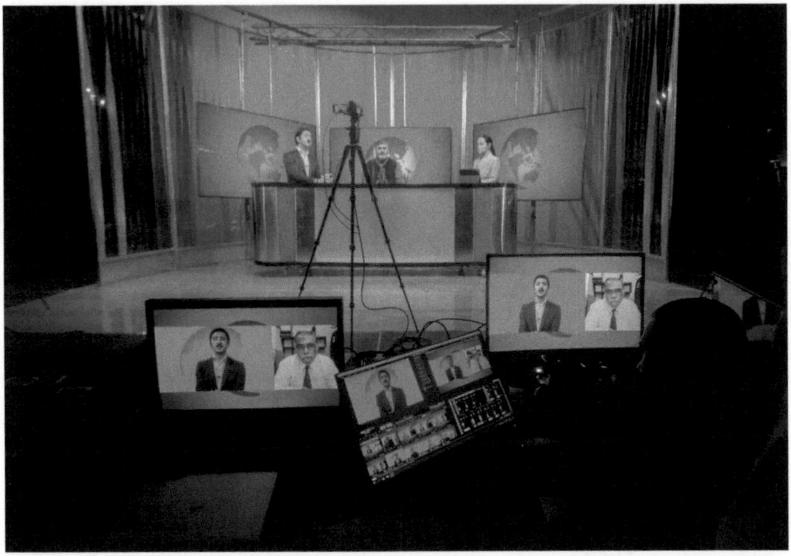

Tag Z von Ionuţ Sociu, Constanţa, 2021 © Răzvan Dima

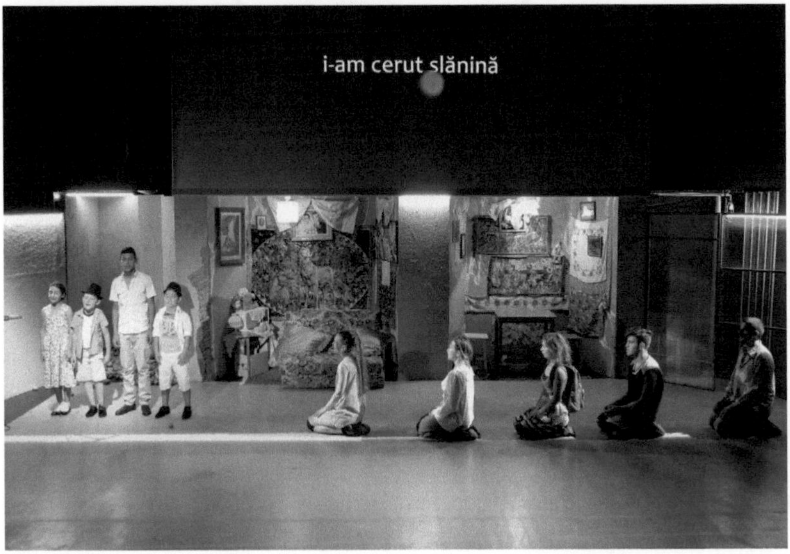

Über Menschen und Kartoffeln von Radu Afrim, Sfântu Gheorghe, 2018, © Vargyasi Levente

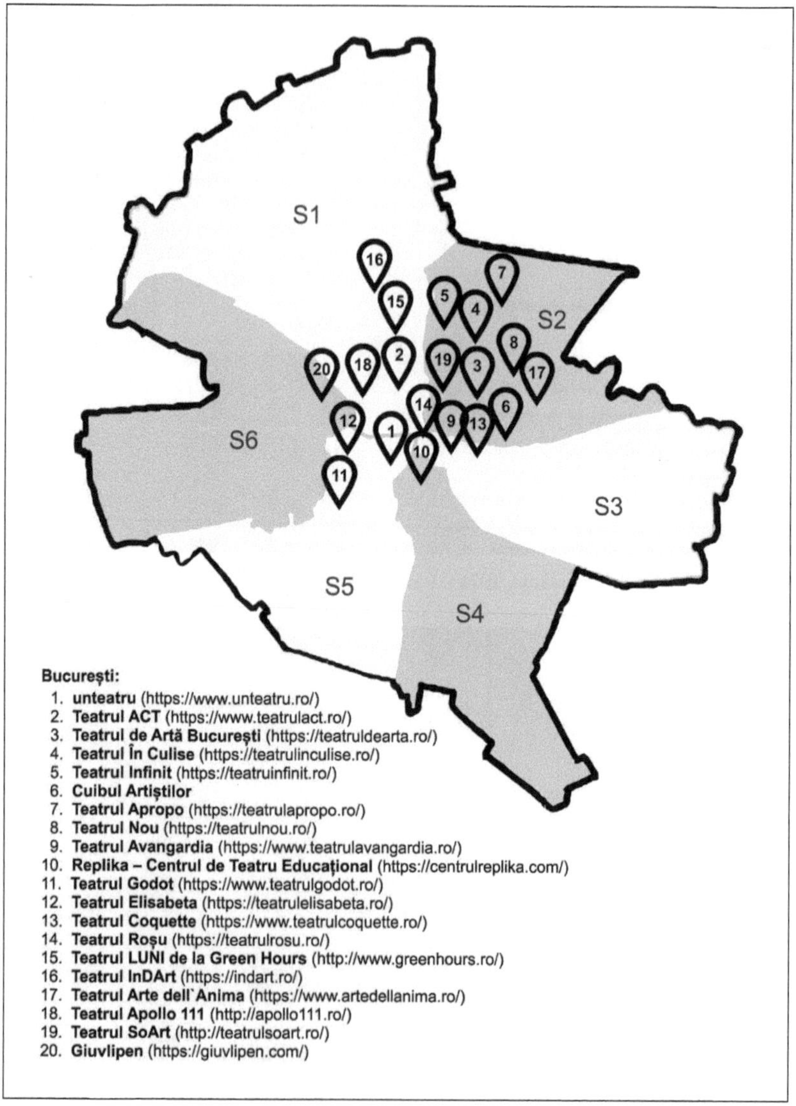

Karte der freien Theater in Bukarest, 2022 © Teatrul azi

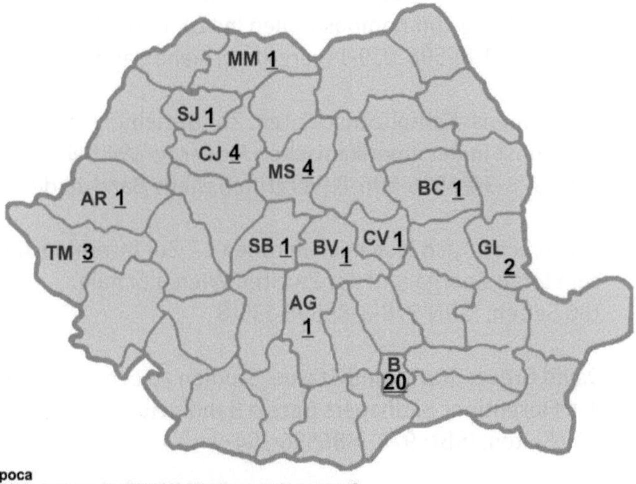

Cluj-Napoca
1. **Centrul de creație MAIDAN** (http://www.maidan.space/)
2. **Reactor de creație și experiment** (https://reactor-cluj.com/en/home-page/)
3. **Váróterem Projekt** (https://www.varoteremprojekt.ro/en/)
4. **Casa Tranzit** (https://www.tranzithouse.ro/ro)

Târgu Mureș
1. **Teatrul Spectrum** (http://www.spectrumszinhaz.ro/index.php/ro/)
2. **3gHUB (Teatrul 3G)** (https://3ghub.ro/productii/)
3. **Yorick Stúdió** (http://yorickstudio.eu/)
4. **Teatrul Scena** (https://www.teatrulscena.ro/)

Timișoara
1. **Teatrul Basca** (https://basca.tm.ro/en/x-2/)
2. **Teatrul Auăleu** (https://www.aualeu.ro/)
3. **Arte Factum** (https://artefactum.ro/)

Sibiu
1. **BIS Teatru** (https://bisteatru.ro/)

Galați
1. **Teatrul din Buzunar** (https://teatruldinbuzunar.teatrulmuzicalsapte.ro/)
2. **Teatrul Muzical „Șapte"** (https://teatrulmuzicalsapte.ro/spectacole/)

Zalău
1. **Asociația Pro Teatru** (https://proteatru.ro/)

Brașov
1. **Teatrul Particular** (http://www.teatrulparticularbrasov.ro/)

Bacău
1. **Teatru Fain**

Arad
1. **Teatrul pe roți** (http://teatrulperoti.ro/)

Baia Mare
1. **Teatrul Ararat** (http://teatrulararat.hol.es/)

Pitești
1. **Club 22 Teatru Independent** (https://www.club22teatru.com/)

Sfântu Gheorghe
1. **Teatrul Independent Osonó** (https://www.osono.eu/copy-of-osono-szinhazmuhely)

Karte der freien Theater in Rumänien, 2022 © Teatrul azi

KUNST-, MUSIK- UND THEATERWISSENSCHAFT

Bd. 1 Hans Emons: Für Auge und Ohr: Musik als Film oder die Verwandlung von Kompositionen ins Licht-Spiel. 228 Seiten. ISBN 978-3-86596-019-1 (vergriffen, siehe Band 12 der Reihe)

Bd. 2 Hans Emons: Komplizenschaften. Zur Beziehung zwischen Musik und Kunst in der amerikanischen Moderne. 194 Seiten. ISBN 978-3-86596-106-8 (vergriffen, siehe Band 16 der Reihe)

Bd. 3 Calvin Scott: „Ich löse mich in tönen …". Zur Intermedialität bei Stefan George und der Zweiten Wiener Schule. 166 Seiten. ISBN 978-3-86596-135-8

Bd. 4 David Greve: Status und Statue. Studien zu Leben und Werk des Florentiner Bildhauers Baccio Bandinelli. 480 Seiten. ISBN 978-3-86596-154-9

Bd. 5 Knut Andreas: Zwischen Musik und Politik. Der Komponist Paul Graener (1872–1944). Mit Werkverzeichnis und umfangreichem Quellenverzeichnis. 448 Seiten. ISBN 978-3-86596-189-1

Bd. 6 Hans Emons: Montage – Collage – Musik. 182 Seiten. ISBN 978-3-86596-207-2

Bd. 7 Rachel Mader: Beruf Künstlerin. Strategien, Konstruktionen und Kategorien am Beispiel Paris 1870–1900. 246 Seiten. ISBN 978-3-86596-230-0

Bd. 8 Leoš Janácek: Vollständige Harmonielehre, übersetzt und kommentiert von Kerstin Lücker. 526 Seiten. ISBN 978-3-86596-321-5

Bd. 9 Hans Emons: Sprache als Musik. 184 Seiten. ISBN 978-3-86596-327-7

Bd. 10 Michael Hoyer: Unbefangene Beobachtungen an Bachs Weihnachtsoratorium. 102 Seiten. ISBN 978-3-86596-390-1

KUNST-, MUSIK- UND THEATERWISSENSCHAFT

Bd. 11 Christian Bunners: Johann Crüger (1598–1662) – Berliner Musiker und Kantor, lutherischer Lied- und Gesangbuchschöpfer. Aufsätze, Bildnisse, Textdokumente. 288 Seiten. ISBN 978-3-86596-371-0

Bd. 12 Hans Emons: Für Auge und Ohr: Musik als Film oder die Verwandlung von Kompositionen ins Licht-Spiel. 256 Seiten. 2., komplett überarbeitete und erweiterte Auflage. ISBN 978-3-86596-416-8

Bd. 13 Barbara Selmeci Castioni/Marion Uhlig (dir.): Saintes scènes. Théâtre et sainteté à la croisée du Moyen Âge et de la Modernité. 244 Seiten. ISBN 978-3-86596-412-0

Bd. 14 Hans Emons: Film – Musik – Moderne. Zur Geschichte einer wechselhaften Beziehung. 238 Seiten. ISBN 978-3-7329-0050-3

Bd. 15 Hans Emons: Musik in *Utopia*. Zur Klangwelt der Zukunftsvisionen. 184 Seiten. ISBN 978-3-7329-0193-7

Bd. 16 Hans Emons: Komplizenschaften. Zur Beziehung zwischen Musik und Kunst in der amerikanischen Moderne. 2., erweiterte und korrigierte Auflage. 202 Seiten. ISBN 978-3-7329-0397-9

Bd. 17 Benedikt Schubert: Zeitspuren. Bachs Vokalmusik im Spiegel hymnologischer Quellen. 140 Seiten. ISBN 978-3-7329-0658-1

Bd. 18 Michael Hoyer: Die vertonte Rede. Prinzipien der Liedkomposition Franz Schuberts. 264 Seiten. ISBN 978-3-7329-0814-1

Bd. 19 Irina Wolf: Das rumänische Theater im 21. Jahrhundert. Freie Szene und neue Wege. 102 Seiten. ISBN 978-3-7329-0909-4